馈赠

——我的教育故事

靳俊良 编著

文心出版社
·郑州·

图书在版编目（CIP）数据

馈赠：我的教育故事 / 靳俊良编著 . — 郑州 ：文心出版社，2023. 12
ISBN 978 - 7 - 5510 - 2917 - 9

Ⅰ. ①馈… Ⅱ. ①靳… Ⅲ. ①中学数学课－教学研究 Ⅳ. ①K296. 1

中国国家版本馆 CIP 数据核字（2023）第 244797 号

出　　版　文心出版社
　　　　　　（地址：郑州市郑东新区祥盛街 27 号　　邮政编码：450016）
发　　行　新华书店
印　　刷　河南东方传媒印务有限公司
版　　次　2023 年 12 月第 1 版
印　　次　2023 年 12 月第 1 次印刷
开　　本　710 毫米 ×1000 毫米　　1/16
印　　张　12
字　　数　150 千
书　　号　ISBN 978 - 7 - 5510 - 2917 - 9
定　　价　49. 80 元

如发现印装质量问题　请与印刷厂联系　电话：0371 - 88882835

PREFACE

序言

教育是双向奔赴的馈赠

靳俊良

教育是教师纯情的求索之歌，是教师舍弃"小我"、成就"大我"的奉献之歌，是教师"教书育人"的追求之歌。这首歌因为纯情所以简单，因为简单所以专注，因为专注所以能够到达深刻。当我们成功地把一颗向好的种子种在学生的心田，用一簇呵护的火苗点燃学生的智慧之光，这便唱响了教育之歌，悦耳的歌声带来的愉悦和幸福，让作词、作曲过程中的痛苦、悲哀都变得不值一提。如果给这首歌取个名字，那叫"馈赠"再合适不过了。馈赠，即发自真心地、无代价地赠予，这不正是教师们教育之路的真实写照吗？

当然，教育并不是教师单方面的赠予，教师"馈赠"和学生"回馈"之间的双向互动才是教育最大的魅力所在。教师馈赠了时间、精力、知识、关爱、耐心，学生则回馈以自身的改变、成长、感恩、铭记，双方都收获了自我精神上的丰盈。这种自然发生的双向奔赴让教育显得如此有意义。

往更大了说，教育也并不单单是教师和学生之间的双向互动，还是教师、学生、家长、学校、社会等的多边互动：家长馈赠支持和信任，收获孩子的健康成长；学校馈赠大力支持，收获社会的普遍赞誉；社会馈赠发展平台，收获有潜力的教师人才和学生人才。正是因为有这样多边多向的"馈赠""回馈"，教育这颗五角星才能更稳固、长久地发展，散发出愈加迷人的光芒。

本书创作的初心，便是不让这些动人的故事被遗忘、迷人的光芒被掩盖，让它们能够以这样的形式被人们记得。为此，我们在全校范围内收集动人的教育故事，又从中精选出 62 位教师的故事。这些教师中有学校领导，有班主任，有科任教师，他们从各自不同的角度讲述了自己与学生之间的教育故事。

每一个故事都是一处细小而珍贵的宝藏，它们见证着教育带来的改变和希望，展示着教师与学生之间的默契与情感的交融。这些教育故事中所蕴含的温暖和力量，不仅让人感动和思考，更能唤醒我们内心的善良与责任。它们教会我们关注每一位学生的成长，注重每个学生个性的培养和潜能的发掘，给予学生充分的关爱和支持。每一个故事所传递的教育观念和教育智慧，也能启示我们更深入地思考教育的本质和意义，推动我们在教育之路上不断前行。

愿这些教育故事能够感动您的心灵，激发您对教育的热爱和责任感，让您既幸福地馈赠着，也幸福地享受着教育的馈赠。

CONTENTS

目 录

―――――― ❧ 序 言 ❧ ――――――

―――――― ❧ 立 己 ❧ ――――――

—— ❧ 启　智 ❧ ——

润 心

立己

反求诸己，向内而生。主要收录教师通过与学生相处，反思自身教育实践，促进自我成长的教育故事。

做优秀的情绪管理者

李国利

毫无疑问，一个优秀的教师首先应该是自己情绪的主人，或者说，是自己情绪的有效管理者。可是，每一个老师或许都有过这样的经历：面对学生的错误，大发雷霆，事后又后悔莫及，为自己的鲁莽和急躁而痛苦。

我和程程的故事，带给我的不仅仅是没有控制好情绪的心灵责罚，更多的还有对自己教育方式的反思。

刚接这届孩子语文课的时候，和他们之间有诸多小摩擦。每一次上课前，教室里都是一片喧闹，课堂上的提问和回答也总是伴随着莫名的哄笑。对于纪律，我强调过很多次，但好像无济于事。终于有一天上课前，我在一阵嘈杂声中从后门走进教室，坐在第一排的程程正欢笑着转过身跟后面的同学讨论着什么。我大喝一声，劈头盖脸一顿训斥，表面上是批评全班同学没有一点纪律性，但谁都听得出来，那每一声吆喝都是针对程程的。而且，我越说越气，情绪完全失控。无疑，程程成了我整治课堂纪律的"猴子"。

作为一个女孩子，娇娇弱弱的程程哪里承受得住？我走上讲台，看得清清楚楚，大颗大颗的泪珠啪嗒啪嗒滴在她的书本上。我意识到自己的失态伤害到了一个女孩儿的自尊。但事已至此，当着全班同学的面，那节课我始终绷着一个教师的威严，课堂上也是前所未有的安静。我安慰自己：总是要煞一煞这股风气的，无论是谁，撞枪口上就不能怪老师了。

下课后，思忖再三，我又返回教室，让人喊程程。之所以让同学去喊她，我是想让同学们知道我要单独跟程程谈谈心，多少弥补一点我对她的伤害。在走廊上，我表达了歉意，真诚地为自己对她的伤害说对不起。程程眼睛红红的，她极力控制着自己，尽量不让眼泪再流出来，她哽咽着说的话我记得很清，对老师"杀一儆百"的做法表示理解。但是，从那之后，程程明显地跟我保持着一种距离。而这种走不近的距离，我用了很长一段时间才慢慢消解。比如，作业上亲切的评语，课堂上的表扬，课间偶尔的谈话……

真正的心无间隙，已经是网课结束后的下学期了。程程开始主动问我问题，也开始笑盈盈地跟我打招呼。二模试卷改出来后，我在班里展示改卷过程中搜集的优秀作文。程程开心地告诉我那是她的文章，我让她在班级分享写作的感受。谈到她跟奶奶的故事，她泣不成声。这是多么敏感、善良而又有爱的小姑娘啊！而我曾经那样武断地以"爱"之名，用不恰当的方式伤害了她！好在，我及时补过，不断地提醒自己并反思自己的行为。班级毕业典礼那天，程程拿着一个粉红色的礼品袋，送给我一管护手霜。那一刻，我感受到了前所未有的舒畅和幸福。

教育是一门仁而爱人的事业，爱是教育的灵魂。爱，就是呵护，呵护万千的生命个体，而尊重是其中最重要的配方。尊重每一个孩子，尊重他们的每一种行为，去探究行为背后的成因，找到最合适的方法解决教育问题，而不能站在师者身份的制高点，失控地发泄自己的情绪，草率贸然地处理问题。

这些道理我相信大多数老师都懂，关键是在日复一日的教学工作中，我们很难做好。那么，面对学生的错误，我们怎么做，才能控制好自己的情绪，既能抓住教育良机，又能把它转化为自我成长的契机呢？

首先，要正确认知，有从容沉着处事之态度。

孩子就是孩子，他们是不成熟的。我们要允许孩子犯错，更要尊重孩子的个性，承认孩子的差异。有人说过："犯了过错的人应当受到惩罚。但是他们之所以应受惩罚，并非因为他们犯了过错，而是为的要使他们日后不去再犯。"所以，出现问题后，先要让自己冷静下来，三思而后行，尽可能地站在学生的立场上考虑问题，换位思考，帮他们找到原因，以心换心，学生才会心悦诚服，我们才能实现教育目标。像我，在处理课前纪律问题上就没有冷静思考。为什么会出现这种情况？孩子们行为的背后可能是教师教学安排的失误，而教师又把这种失误随意迁怒到孩子们身上。这种粗暴的处理方式，很难对孩子们内心成长有帮助。只有改变自己的认知，改变"唯我独尊"的固有姿态，才能放下高高在上的身段，允许并接纳孩子的错误，沉着冷静地面对一切教育问题。

其次，要适时回避，有"因人、因势"施加批评之策略。

对于那些引起不良情绪的问题，我们如果既不能改变自己的观点，又不能适时解决，就要选择暂时回避，等到情绪稳定时，再去思考和解决问题。特别是学生犯了较为严重的错误时，可以先把犯错的学生晾在一旁，待自己的情绪缓和后再去处理。面对学生一些过激的语言、令人生气的举动，我们更要控制好自己的情绪，适当回避，等到矛盾过后再冷静处理，延时解决。

教育和教学是一种慢的艺术，面对问题，我们切不可武断，要深入了解，细致分析，再对症下药。一切的批评必须建立在充分掌握事实的基础之上。学生出现问题，教师对于批评方式的选择，要根据当时的具体环境和学生的个性特点、情绪状态及承受能力而定。如对于有惰性、依赖性的学生，可以措辞较尖锐，语调较激烈，但绝不能挖苦讽刺；对于盲目自大的学生，可借助他人的经验教训，运用对比的方式引出批评的内容，促使其自我反省；对于脾气暴躁、性格倔强的学生，宜用商量的口吻，平心静气地使其在友好的氛围中主动接受批评。

"因人、因势"施加批评，才能做到有的放矢。在批评程程这件事上，我最大的错误就在于没有选择适宜的方式。程程是班里比较优秀的学生，而且自尊心很强，批评时不能用激烈的言辞，更不能把她当作出头鸟，当着全班同学的面批评。所以，我们只有充分调查，掌握事实，尽可能在一个只有两个人的地方，诚恳地指出其所犯错误，因人而异、因势利导，用温和的情绪走进孩子的内心，才能让孩子悦纳老师的批评。

最后，要坚持读书，通过终身学习提升境界。

教育是一门爱的艺术，但是光有爱是不行的，还需要有教育的智慧。很多时候，我们不能控制自己的情绪，往往是缺乏自我管理的智慧。书籍是学校中的学校，是一切智慧的源泉，爱好读书应该是教师的职业素养和习惯。读教育名著，与大师对话，和名校交流，拜专家为师，汲取他们的理论精髓和实践经验。教师要做一个终身学习者，坚持通过读书提升教育理论，增强自己的教育智慧，促进自我在现代教育环境中快速成长。拥有教育智慧的老师，在面对教育问题或困惑时，就能很好地控制自己的情绪，收放自如，于云淡风轻间尽显教育艺术和人格魅力。

教师的工作，平凡普通，没有轰轰烈烈的光辉事迹，但每一位热爱教育的老师，都会有许多故事留在记忆里。我与程程的故事，只是万千教育故事中再平凡不过的一个。善存于心，爱在于行，行稳致远，进而有为！我们要学习的东西还有许多，下一个故事里，愿每一个孩子都被温柔以待，愿每一个教育者都能坚守教育的田园，细心呵护每一朵花开！

教育·成长

毛金晓

中考落下帷幕，最终的结果可谓是几家欢喜几家愁。欢喜的家长，感谢三年来学校和老师对学生的栽培；忧愁的家长直呼接受不了，不喜欢这个一锤定音的结果，不知道该何去何从。我也忍不住思考这最后一场考试与学生日常表现的关联，以及学生这三年在学校里究竟得到了什么样的成长。

翻看曾经的文字记录，一篇文章映入眼帘。这篇文章我写于七年级上学期快结束的时候。

体育考试之后，我有很多话想说，只是一场考试，我却看到了学生的千面万面。

有的同学因为身体原因平时不能参加训练，在其他同学艰辛训练的时候，我在他们脸上看到了"幸免于难"的笑容，看到了"逃过一劫"的侥幸，可到体育测试时，这些同学慌了。怎么办？体育成绩要纳入总成绩了，现在训练来不及了，不参加考试是最低分。满分55分，最低分24分，31分的差距就这样轻轻松松产生了。人生没有白走的路，每一步都算数。大家都在向前走的时候你止步不前，你觉得赚了，其实是赔了，赔得一塌糊涂。现实会告诉你，没有人会在原地等你。"学如逆水行舟，不进则退"，说的就是这个道理。

我欣赏小 Y 的坚持，虽然他跑得很慢，但是他从未停下，学习也是这样。坚持，是必备品质。

跳远的时候，小 W 一鸣惊人，1.96 米的成绩羡煞众人，监考老师问她愿不愿意冲一把 2 米，她犹豫再三，同意了。结果不如上次，成绩少了两分。她委屈得掉眼泪，大喊"早知道我就不重新跳了"，满脸后悔。但我不这样认为。我为她敢于拼搏的精神点赞。人生有时候就是一场豪赌，比起其他人，你敢赌就已经赢了一大步。魄力，是必备品质。

跑步的时候，有的同学第一圈遥遥领先，结果到了第二圈、第三圈明显体力不支。学习犹如跑马拉松，早早地透支，后面只会越来越泄气。稳住心态，保存实力，最终全力拼搏，才能厚积薄发，一鸣惊人。就如小 Z 在最后 50 米全力冲刺，甩掉两个人。心态，尤为重要。

这何尝不是学习的缩影？不到最后一刻，谁都不知道会发生什么，要相信孩子身上的无限潜力，要持之以恒地给予孩子鼓励。跑完步，小 Z 跟我说："老师，我没有跑好，我小学的时候跑步在班里都是排名前几的。"我跟她说："不要想之前的成绩有多辉煌，人生要向前看，谁都不可能次次考好。只要你下一次比这一次好，那就是进步。"

三年后，回头再看这些文字，将当时我对学生的判断和他们三年后的中考成绩放在一起分析，我发现了令人惊讶之处，同时也看到了他们这三年的变化。

令人惊讶的是，在一次小小的体育测评中，个人的品质直接或间接地对学生的学习造成了极大的影响。比如最开始我在文中提到的，因为身体原因不能参加体育考试而"幸灾乐祸"的那些孩子，他们对学习敷衍，过分情绪化，喜欢钻空子，与其在体育测评中呈现出来的状态如出一辙，而最终结果也不甚理想。对于这些学生，我想方设法地去帮他们改正，但对于有些人真的感到无能为力。

同样，类似小 Y 这样能够坚持到底的孩子，这三年中他们的变化十分明显。在大大小小的训练中，无论面对什么困难，哪怕痛哭流涕，哪怕心力交瘁，他们都从未屈服，最终他们都收获了属于自己的理想结果，用一种叫作"坚持"的肥料培育出了"梦想"之花。

当年那个因为选择了第二次突破结果痛失两分而痛哭流涕的小 W，后来成为我的左膀右臂、学生的知心大姐，也成为自己的人生导师。毕业前夕，她在临别寄语时说："成长最重要的过程是体验，不单单是要一个结果。很多东西，我们需要去做，我们才会成长。如果一味地追求结果而忽视过程，那这样的成长是没有意义的。选择了就去做，不管做得好还是不好，但求拼尽全力无愧于心。"有这样认知的孩子，未来可期。

三年来，学生的变化在一点一滴中，成长在一朝一夕间。这三年他们变得更加坚毅，变得有力量、有理想、有信仰。这或许就是学校的作用，是教育的力量。

教育，即成长。成长，即教育。

用心做好学生的引路人

刘　珺

　　作为一名英语老师，我有幸与无数学生一起走过了成长的道路，见证了他们梦想的萌芽和实现梦想的喜悦。在教育过程中，我发现每一个学生都是一个独特的个体，拥有不同的背景、兴趣和性格，这让我的教育之旅充满了无限的变数和挑战。其中，和一位名叫 Wilson 的学生的故事深深地留在了我的心中。

　　我第一次见到 Wilson 时，他的英语水平相对较低，自信心也较为脆弱。新学期已过去两周，他几乎没有主动举过一次手、发过一次言，要么把自己藏在书后面，要么被点到回答问题时默不作声，小脸红到脖子根儿。后来，我与班主任及其父母沟通后，才了解到他对英语学习的兴趣不高，觉得自己无法掌握这门语言。然而，我觉得每个学生都有巨大的潜力，只需找到激发他们的方法。

　　要帮助 Wilson 克服困难和挑战，我认为最重要的是与他建立起信任和积极的关系。于是我经常和他进行一对一的交流，鼓励他表达自己的观点和想法。我尊重他的进步，并且尽量让他在课堂上有成功的体验。我又为他设定了一些小目标，每当他实现一个目标时，我都会给予他赞扬和鼓励。

我还鼓励 Wilson 参加各种英语学习的活动和比赛，帮他准备演讲稿。尽管他最终没有获奖，但当他站到舞台上自信地演讲时，我们都明白他已经战胜了自己，并打赢了这场仗。

为了更好地帮助他提高英语水平，我与他一起读《小王子》的英文版，并定期与他交流读后感。一段时间后，我明显感受到他在阅读中找到了英语学习的乐趣与成就感。

在这个过程中，我时刻保持着对他的高期望。我相信，只要他付出努力，克服困难，就可以取得更大的进步。我给他设置了挑战性的作业和测试，鼓励他不断尝试和超越自我。在他每次取得进步时，我都给予他鼓励和肯定，让他认识到自己的努力没有白费。经过一段时间的努力，Wilson 有了明显的进步，在课堂上变得积极主动，与同学的交流流利而自信，愿意分享自己的想法和经历，成为活跃的活动参与者。

Wilson 在后来的学习生活中，始终保持着对英语的兴趣，并最终在中考中取得了优异成绩。

每个学生都有自己的学习节奏、学习方式和无限潜力。我们应该尊重每个学生的差异，通过个性化的教学方法，帮助他们取得成功。我将继续努力，通过积极的教学实践，为每一个学生创造积极的学习环境，激发他们的学习热情，助他们实现自己的梦想。我也会不断探索新的教育方法和策略，不断提升自己，为学生的美好未来贡献力量。

爱与被爱的修行

聂　璨

德国著名教育家雅思贝尔斯曾说："教育的本质意味着一棵树摇动另一棵树，一朵云推动另一朵云，一个灵魂唤醒另一个灵魂。"师者如光，微以致远。优秀的教师，不仅是传道授业解惑的良师，更是帮学生拨开迷雾、让学生心灵成长的引路人。

本做着全职行政的我，由于一位老师生病，临时替他带了两三周的课。得到消息的我连夜起来准备教案，编写教学设计。初生牛犊的我还不知道一天上四节课是什么概念，更何况当时我还有行政上的工作。

就这样，满怀欢喜与激动，我走上了讲台，上完一天课回到办公室的时候，才发现嗓子已经哑到说不出话了，上课期间出现了很多我没有想到的情况。其中两个班级的纪律特别好，但是另外两个班级的纪律就相对不是那么理想了。上了几节课，让我印象最深刻的是一位男生，我们暂且叫他小乐吧。

我之所以对小乐印象深刻，还要从我第一次带他们班晚自习说起。那天我照例坐在讲台上，看着大家上晚自习，过了一会儿，就看到他举起手。我走到他面前，没想到他竟问了我一道数学题。我虽然教的是物理，但数学知识也还记得，便游刃有余地给他讲起来。后来他才告诉我，其实那道题他本来不应该问我，可他就想在我面前刷刷存在感。

上物理课的时候，小乐经常举手问一些与课堂无关的问题。我一开始并没有把这件事放在心上，但后来这种行为已经影响到整个班的教学进度，我不得不重视起来。起初我没有正面回答他的问题，但我很快发现这种办法行不通。他仍然会继续问，甚至带动他身边的同学互动，严重影响了身边同学的学习效率。于是课后我单独把他叫到了办公室，与他谈话，才知道他真正的目的是想多展现自己。我想到了一个办法：每天上课的时候，我都会提问上一节学过的知识点，优先提问他，如果他回答正确了，我便当众表扬他。他上课爱提与课堂无关的问题，我也不再选择无视，而是有选择性地引导，引到与课堂有关的方向上来。这样不仅大大提高了上课效率，还增强了其他同学对物理的兴趣，课下主动找我问问题的同学也多起来。

我与他们的接触时光只有三周时间，之后便很少再有交集，但是小乐会专门到我的办公室来，请教学习上遇到的问题，也会主动跟我分享他近期的学习生活情况和思想变化。我感到非常欣慰与自豪，这便是做老师的意义吧。

可能这件事对科任老师来说稀松平常，但对第一次站上讲台的我来说却意义非凡，让我体会到教师这个职业给我带来的成就感和幸福感。

每个孩子都是独特的个体。作为教师，我们应当做有温度的引路人，带着爱心走向学生，带着童心融入学生，带着感恩之心感化学生，带着火热之心鼓励学生，带着仁慈之心尊重学生，将闪耀着人性之光的真善美种子播撒在学生心间。

老师要做言传身教的引路人。师者，学之模范也。在那三周时间里，我不仅传授给孩子们书本上的物理专业知识，也引导他们积极提出与物理相关的问题，让他们主动探索研究，敢于表达疑惑，并努力尝试解决。只有坚持言传和身教相统一，才能让孩子亲其师、信其道，才能帮助他们树立正确的世界观、人生观、价值观。所以，课下当他们问超出我专业知识的内容时，我会和他们一起探索研究，直到弄明白。在这个过程中，答案是什么反而不那么重要了，让孩子们学会提出问题、发现问题，并靠自己或借助外界力量去解决问题的本领，才是弥足珍贵的。

虽然目前不在教学岗位上，但我会坚持学习教育知识，提高专业素养，多向有经验的教师请教，尽自己最大努力，以赤诚之心、奉献之心，关心爱护学生。

相信坚持的力量

周书芳

德国教育家第斯多惠说过："教育艺术的本质不在于传授本领，而在于激励、唤醒和鼓舞。"苏霍姆林斯基也说过："善于鼓舞学生，是教育中最宝贵的经验。"如果给予学生激励、鼓舞，是播下积极奋进的火种的话，那么坚持给学生鼓舞、激励，就是持续给一堆火中添柴，能源源不断地给学生输送力量。

在学校，总有一类学生，他们十分勤奋努力，但是结果不尽如人意。我们班就有这样一个孩子——小郝同学。她学习很认真，学习成绩却不见起色。这种情况很容易让她陷入自我怀疑、焦虑的情绪当中，进而影响备考状态。

在一次模考后，我在班里总结时说道："孩子们，如果你们在学习上有什么疑惑，可以去找任课老师或者我帮忙分析。"晚自习时，小郝同学就哭着找到我："周老师，我觉得我很努力了，为什么成绩却不理想？我是不是很笨？我都有点想放弃了。"看着她伤心的样子，我递上纸巾先让她平复心情，接着温声细语跟她说："作为政治科代表，你能带领咱班学生把政治学得那么好，说明你是一个有能力的人，怎么会笨？像你这种情况，原因有两方面：一是学习方法上存在偏差，知识掌握上存在漏洞；二是量变还未引起质变。但不管怎样，不要轻言放弃，要坚信努力的意义。你可以分析一下各科的学习方法，也反思自己是哪方面的原因。把数学试卷留下吧，我看一下，我们明天再一起分析分析。"她点头表示同意。

第二天，我认真分析了她的试卷，发现她对基本概念的理解有些模糊，几何推理能力也比较弱。与此同时，我跟她妈妈沟通，询问她在家学习的情况。她妈妈说："她在家也很勤奋。老师，孩子会不会是假努力呢？"了解她的情况后，我心里有了底。

晚上，我和她一起总结分析了她各个学科的学习方法及不足之处。我鼓励她："做任何事情，方法对了以后，剩下的唯有坚持。坚持的力量源自对梦想的笃定和对学习的热爱，什么时候都不要轻言放弃。唯有坚持，才能圆梦。"她看着我，认真地点了点头，那一刻，她的眼神特别笃定。我相信她懂了。

从那以后，我会特别关注她的表现与变化，询问她的学习生活情况，为她加油鼓劲。当她伏案钻研的时候，当她每天最早到校背书时，当她课余静心复习功课的时候，我或给她以赞赏的目光，或和她击掌加油，或给她一个大大的拥抱。有好几次放学后，看她还没有去吃饭，我询问她情况，她说："老师，现在去人肯定多，有这时间，我可以多背两个单词呢。"我发自内心地笑了："孩子，老师为你的坚持点赞，天道酬勤，你所期待的美好已经在路上。"

离中考还有一个多月，有天晚上她找到我："老师，这段时间我能走读吗？我睡不好。"我内心虽然有些担忧，但看到她坚决的模样，还是批准了。后来，我跟她妈妈沟通才知道，她每天晚上回家都会再学一会儿，这样睡前就不焦虑了，可以甜甜地睡了。我想这就是坚持带来的力量吧。

周五离校，她小心翼翼地问我："周老师，我能晚点儿离校，在学校学到 7 点半再回家吗？"我问她："为什么不回家学呢？"她笑了，说："在学校有氛围感，很安静，感觉同学老师都在身边。"看到她如此发奋努力，我能有什么不同意的呢？也是在那一刻，我仿佛听到了一棵梦想之树在坚持的滋养下拔节生长的声音。

功夫不负有心人，小郝同学在中考中取得了优异的成绩，进入自己心仪的高中。她说："没有人一开始便胜券在握，但想到周老师每天的陪伴和激励，我就有了坚持低头耕耘的动力和收获成功的信心。"我们都用坚持给自己交了一份满意的答卷，这就是坚持的力量。

用心修行，如沐春风

王星星

　　最近一轮带班，是从初一到初三。我作为一名数学老师，在让学生爱上数学的同时，还要发现有潜力的学生，并尽心培养他们，不让一个学生掉队。这并不是一件容易的事情。首先，初一军训时，我的准科代表扭伤了脚，在一边休息。我注意到她在看书，便走近她，和她聊天。她问了我一个问题："老师，如何很好地完成初中学业？"我先是惊讶，而后是欣喜：惊讶她小小年纪，有着长远目光；欣喜她懂得抓住机会学习，又懂得如何交流，情商和智商都不低。

　　她顺理成章地成了数学科代表。而后的两年里，我和她一起探索如何管理整个班级的数学学习。她从不抱怨比别的学生付出得多，一心求学，努力做好数学科代表。到后来，她能够"掌管"全班的学习，带领数学组长和优秀的学生，一起为班级的数学学习构建蓝图。看到她的成长，我很是开心，这大抵就是做老师的幸福：发现人才，培养人才，帮助更多有需要的同学。

　　这样的教育故事无处不在，小到我和学生的一次谈心，大到每一次我积极参与的教学活动和班级互动，而这也是许多老师常做的事情，因为没有一名老师不想让自己的学生优秀。

一天中午，我在一楼办公室听到仅有一墙之隔的电话亭里有学生在哭泣。一边是紧急的没有完成的工作，一边是学生逐渐增大的哭泣声，我犹豫再三，等到她挂断电话，迅速出门，把她请到办公室，询问缘由。许是看出了我的善意，她放下芥蒂，开始倾诉心中的苦闷：一边是学习压力，一边是父母的不理解。她多么希望能有人理解她、宽容她、安慰她。庆幸、庆幸，我出了门，并招呼她进来了！庆幸、庆幸，她的情绪没有继续发展，她的痛苦逐渐减弱。我不断引导她思考痛苦的源头，引导她慢慢从感性走向理性。最后她笑着和我说感恩遇见我。

尽管我至今仍不知道她是哪个班的学生，但我知道我曾经影响了一个学生，把她从几近崩溃的边缘拉了回来。我很开心，很欣慰，能够被需要是一种幸福，尽管我的工作没有完成，但是打开办公室的门，一股春风拂来，我心坦荡。

教师对学生的爱，是自发的爱，不限制是谁的学生，不限制何时何地。做人行事，德为先，德才兼备！我深知，在育人的道路上能够影响一个人不太容易，但只要坚守初心，就一定能实现梦想！

用心呵护，慢慢体悟

朱 叶

又是一年学期结束时，又到了盘点时刻。回想这一学期，我的教育故事的主角有很多，但如果说最想谈的一个学生，那就是周同学了。

周同学是八（1）班的一名普普通通的学生，成绩中上，从不违纪。七年级时，她课上积极回答问题，课下按时交作业，偶尔会找我问问题。

八年级以来，她爸爸担任了学校经济学社团的教学工作，每周来校上一次课。通过和她爸爸的接触和交谈，我对她的家庭和她本人有了更多的了解。她爸爸是老牌大学生，现在在某机械公司担任工程师，她还有个姐姐在国外读书。平时她爸爸很重视家庭教育，注重发挥家长的表率作用，教她数学和物理，言语之间洋溢着对女儿的爱。由此，我了解到：周同学学习、生活习惯良好，家庭知识氛围比较浓厚，亲子关系较为和谐。

随着对周同学的了解增多，我对她的关注也不断增多。上课时，我发现她听课很专注，视线总是随着我移动，紧盯着我。每每听到共鸣处，或者让她觉得有趣的地方，她就微微点头一笑。在我看来，听课对她来说似乎是一种享受。下课后她经常跑到办公室问我问题，这说明她善于思考。我会耐心为她解答，并鼓励她吃透课本内容，同时扩大阅读量、拓宽知识面。

有次周测完，她走到我面前说："老师，您帮我分析分析，我还有哪些方面做得不足。"听到这句话，我颇感欣慰，于是回答："我感觉你做得已经很到位了，坚持做你自己就行。如果你的英文书写还能再上一层楼就好了。"她连声说"谢谢"。

周末返校后，我走到她桌旁，一眼就看到她桌上摆着一本英语字帖，打开一看，发现她已经练习了好几张。没想到一个小小的建议，她这么快就行动起来了。我细细地看了她的书写，进行了点拨和纠正，告诉她如何写得更好。她听得认真，不住地点头，眼神里有一种坚定。在班里转完一圈回到讲台上，我发现她已经在按照我说的开始练习了。第二天早读听写的时候，我又专门走到她旁边，告诉她如何在笔记本上把英语字体写好。几天过后，她的书写有了很大的进步。

后来，由于英语科代表身兼数职，我就找到周同学，希望她能协助科代表收发作业、检查同学过关情况等。她接到任务的第二天，就开始了她的"科代表助理"工作。说是"科代表助理"，可她简直把科代表替代了，收发作业一丝不苟，检查过关严谨细致。每次她到办公室送作业，我都会对她说"谢谢"，夸她很认真。她一听，干得更起劲了：课堂上更加专心，课下更愿意学英语知识，问问题更多更深入了，英语成绩也有了提高。

通过与周同学相处，我领悟到：适时的鼓励可以让学生感受到老师更多的关心和爱，进而让他们充满信心，这种信心不仅仅表现在学习上，也表现在生活中。看着周同学的自信笑容，我更加坚信鼓励的力量。值得注意的是，鼓励学生的时候，要真诚具体，不能泛泛而谈。比如在鼓励周同学时，我会赞扬她工作细致，不落一人，把她称作我的优秀帮手。这样能让她有成就感，怀着更多热情去学习和生活。

除此之外，我还领悟到，为学生分配任务可以增强学生责任感，使他们对学习和生活投入更多的热情。比如在让周同学担任"科代表助理"时，她时刻以一个科代表的身份去要求自己的学习和生活，也在无形中提升了自己，在做好自己的同时去督促他人，一举两得。

教育故事可以是轰轰烈烈的，也可以是平平淡淡的。我与周同学的教育故事就是平淡生活里的"小惊喜""小感动"。在以后的教育教学工作中，我会用心体悟，真真正正地爱学生，让每一个学生都成为我的教育故事的主角，都有所改变，有所进步。

爱心浇灌，静待花开

汪林楠

"我的育人故事"是我这一学年的作业。原本担心琐碎小事，繁杂细微，本无可落笔之处，但落笔、起笔之间，一个个鲜活的生命在脑海里浮光掠影，一个个单击点开之后，才发现那些炸开的瞬间不仅是最好的故事，也是最好的成长。

我的育人故事就从点开"小美"这个名字开始吧。

"老师，咱班的新生军训费用已经全部上交完毕，但核对名单时，缺少小美的信封……"这是新入学的52个孩子中第一个跳入我脑海的名字。没有调查，就没有发言权。当这个有点儿黑、有点儿腼腆、戴着眼镜的女孩走到我身边时，我看到了她的紧张和担忧。她对我说："老师，我交了，用的是我自己做的粉红色的信封。"我问她："写名字了吗？"她想了想说："写了。"我没有再追问什么，拍拍她肩膀说："没事儿，先去训练吧，我再去问问。"

和小美妈妈进行沟通后，我了解了事情的来龙去脉。原来小美在收拾行李时，不小心把粉色信封掉落在家里了，她到学校没看到粉色信封，以为自己交过了。呀！这是一个误会。

刚到一个新集体，就发生了这样的事情，孩子总是小心翼翼的，从班级选班委再到选科代表，小美都没有参加。每次看她，她都是低头垂眼，我知道一定是那件事情对她产生了影响。

心理学家威廉姆·杰尔士说过这样一句话："人性最深切的需求就是渴望别人的欣赏。"

我开始留心观察她，去发现她的作业和笔记中的闪光点，发现她求知的清澈眼神，发现她寝室内务的整洁，发现她的自律……一句肯定的话语，一个鼓励的眼神，一个欣赏的微笑，我就这样一点点地发掘、培养她的自信，而她也渐渐地放下了对我的戒备，敞开心扉，慢慢地在活动中展示自我……

在这之前我并没有单独去找她谈话沟通，我知道还不是时候，只有亲其师，才能信其道。而建立"亲"的关系，不是一朝一夕的事情，我相信润物细无声的力量。运动会结束后，我找到小美聊天，因为我知道时候到了。

那次谈话后，小美又有了变化，更加自信了，也敢于主动承担责任。正好我调换地理科代表，小美毛遂自荐，并谈了自己的想法。当然，她也用她的行动证明了她的能力，不仅自己的地理学科取得了优异的成绩，而且也带领班级在地理学科考试中拿到了集体第一名的好成绩。

后来，我们女生寝室的生活委员生病，她主动临时补位，积极和老师、同学们沟通如何管理好宿舍……就这样，她一点点成长，一点点进步。所有的一切都促进了她的成长，也让她散发出属于她的光芒和魅力。

莎士比亚曾经说过这样一句话："赞美是照在人心灵上的阳光。没有阳光，我们就不能生长。"

在与学生的交往中，适当地赞美学生，会增强师生之间和谐、温暖和美好的感情。而且，以鼓励代替批评，以赞美来激发学生潜在的动力，让他们自觉地克服缺点，弥补不足，这比责怪、埋怨会有效得多，会使学生怀着一种积极的心态，创造出一种和谐的气氛。

当然，小美的这一年并不是一帆风顺的，在本学期的一次学情调研中，她表现有些不尽如人意，她在认真地反思和总结后，结合她妈妈的意见，暂时辞掉了班长的职务。我尊重孩子的想法，也在学习方面给予她指导。她很高兴，表示一定全力以赴，把学习成绩提上来。

作为教育工作者，教师能成为学生的"心理建造师"，使每一个学生在各自的生命旅程中永远信心百倍，不被挫败，才是使命之所在。

小美在学习方面一次次突破自我，破茧成蝶，我也期待她成蝶高飞的高光时刻。

那晚，我收到小美妈妈感谢的话语。虽短短几句，轻如雾霭，但入我之耳，惊若炸雷，这就是育人渡己的力量吧。

我和小美的师生情还在继续，很简单，很平淡，但静水流深，因为我知道，当我走上讲台的那一刻，我的一言一行便意味着责任和使命……

停笔、落笔之间，停下的是笔，教师育人的力量却如纸上留下的深深的笔痕。伴着晚霞落笔，我更加期待明天的朝阳。

捧心付出，助力成长

张倩倩

时光荏苒，转眼走上讲台已 10 年有余，这期间我的大部分时间就是与学生相处，有太多故事可以叙说，也一直不曾忘记自己的教育初衷——成为一个对学生产生积极影响的人。我在努力践行自己的初心，也在无形中影响了我的学生。

她是一个很乖巧的女孩，心思细腻。我跟她熟识源于七年级的一次月考，那次考试她的道德与法治考了满分。我当时很好奇，想知道到底是一个什么样的孩子能在这么难的考试中得满分。我找到她的答题卡，看完之后非常欣慰，这是一个有着政治学科悟性的学生，才刚刚七年级就初步掌握了政治学科的做题方法，并且能很好地审清题意，理解题意。从此，每次上课我都特别关注她，发现她上课很会抓重点。一直这样发展下去，她的政治学科肯定可以取得可喜的成绩，我对她有信心，也对我自己有信心。

转眼到了八年级，因为对她太放心，所以对她少了一些关注，觉得她可以做得很好。一次晚自习放学回到教务处，我跟她撞了个满怀，发现她在哭，很伤心，便急忙上前询问。她说她什么都做不好，什么都不如别人，觉得自己不行！我赶快安抚，细数她的优秀及老师们对她的极高评价，给她一个大大的拥抱，让她放轻松。

当天晚上我久久不能入眠，担心了很久。第二天一早我就去找她班主任了解情况，原来她昨天晚上不但哭了，还用圆锥划自己的胳膊。我担心的事情还是发生了。家长已经带她去看了医生。知道这个结果，我心疼了好久。我想帮助她，正好赶上学校实施"一生一师"导师制，我跟她班主任沟通，想把她分给我，这样我就能跟她充分沟通了。那段时间她的睡眠产生了问题，睡觉很困难。我每次都在上晚自习之前把她叫出来，跟她坐在外面的长凳上聊天，告诉她可以看一些轻松愉悦的书，尽量早睡，可以泡泡脚放松一下，听个轻音乐，一点点改善睡眠质量。有时候她还是会睡得很晚，上课会打瞌睡，我会轻轻走到她跟前，轻轻拍拍她。有时候她的作业没完成，我也没有强求或批评她，而是给她时间，不希望她压力过大。有时候我会给她写小字条告诉她最近的进步，改到她作业的时候，我会轻声告诉她哪些题她做得很好，也鼓励她多参与班级活动，做得好不好不重要，重要的是参与进来了、尽力了。我告诉她不要跟别人比，跟自己比就行，只要自己尽力了，没有遗憾就好。她也每周积极地看心理医生。

八年级下学期快期末考试的时候我发现她的状态在变好，跟同学们有说有笑的时候多起来，上课打瞌睡的次数减少了很多，做作业也积极起来。临近考试跟她沟通，她说自己状态好了很多，晚上睡得好多了，也觉得有劲儿了。我听了无比开心，看着她在一点点变好，觉得自己默默的付出也值了。快放暑假的时候我告诉她，利用假期好好调整，争取以全新的状态迎接九年级。她沉默地点点头。我相信她会找到支撑自己前进的动力的。

"老师不经意的一句话，可能会创造奇迹。"我始终相信，只要用心对待学生，学生是可以感受到关爱的，有时可能会回馈给我们更大的能量。

用爱育人，助力翱翔

陈怡帆

2022 年夏末秋初，我正式接了现在班级的班主任工作，开启我和飞鹰 11 班的故事。第一次和这群孩子见面是在钉钉会议中，一张张稚嫩的小脸，让我有种直觉：我会跟这群孩子共度他们初中生涯中最关键最重要的时光。他们单纯、善良、热情，在钉钉上给我留言，急于了解我的性格和爱好等。班里一共 52 个孩子，我记得当天我写下了"吾爱十一（5211）"这句话。

刚开始，这个班级的成绩不是很突出，学生的行为习惯也不是很好，我也做好了与他们进行"试错、纠正再提升"的漫长征程的准备。经过近一个月的时间，班里的孩子基本上有了较强的纪律意识，会认真打扫卫生和整理宿舍内务。一切慢慢步入正轨，但是回归到学习这个主任务时，孩子们的表现很是吃力。

大多数孩子没有明确的学习目标，缺乏自我管理和自我激励的意识，导致整个班级的学习氛围非常低迷。我知道只有与学生们建立起信任和鼓励的关系，才能让他们树立信心。于是，我开始花费较多的时间与学生们交流，了解每个学生的需求和问题，帮助他们解决学习和生活上的困难。

首先，我密切关注学生们的学习情况，定期进行个别谈话，了解他们的学习情况和心理状况，并帮助他们解决学习和生活上的问题。通过交流，我不断调整教学方式和方法，使学生们更容易理解和掌握知识。

其次，我采用了"榜样引领"的方法，鼓励学生们向那些表现出色、积极向上的同学学习。举行学习竞赛活动，激发学生的学习兴趣和参与热情，使其感受到学习的乐趣。

最后，我注重家校合作，经常与家长沟通，共同关注学生的成长和学习情况，及时解决学生在家庭和学校遇到的问题，建议家长多关注孩子的学习，多与孩子沟通，帮助孩子建立学习目标，增强自我激励的意识。

我会关注班上的每个学生，了解他们的学习情况和心理状况。其中，有一个名叫小航的学生，成绩处于中下水平，对学习缺乏信心。我通过与他交流，发现他的问题在于没有明确的学习目标，缺乏自我激励的动力。

为了帮助小航，我帮他制订了一个计划，让他列出一个学习目标清单，以及实现这些目标的方法。我坚持鼓励他每天监督自己的学习进度，并向我汇报学习情况。

小航逐渐有了自我激励的动力，开始积极参与课堂讨论，每天主动进行自我检查和总结，成绩也逐渐提高了，期中考试时，他取得了可喜的成绩：排名提升了六个名次。

小航的进步，让我更加坚定自己的做法：多与学生交流，与其建立起信任和鼓励的关系，帮助他们树立学习目标，耐心倾听他们的声音，并制订个性化的帮学计划，让学生在学习中得到成长和进步。

我和我的飞鹰少年们的故事还在继续，我将带着爱，携着阳光，和我的飞鹰少年们一起叙写我们的拼搏和担当。

微微师者，灼灼真心

王志杰

师者匠心，止于至善；师者如光，微以致远。何以成就师者的微光呢？除了对专业止于至善的追求，师者最辛苦也最幸福的事莫过于跟学生心与心的交流了吧。

上网课期间发生了这样一件事。小Z本来语文学习成绩还不错，总成绩也排在班级前20名，上课认真听讲，作业基本可以按时完成。

一日课前，登录钉钉共享屏幕，微信一直响，我点开打算把微信退出，看到小Z的妈妈发的微信，大意是说孩子在家学习不努力，喜欢玩手机，还打游戏，希望老师多批评、严监督，在课上多提问。下课后小Z的妈妈打电话，说小Z在家里失声痛哭，埋怨妈妈跟老师告状，同学们都在嘲笑他。

我瞬间醒悟过来，我的电脑屏幕是共享的，所以我的鼠标虽然只是点了一下，停了两秒，但小Z的妈妈发的信息被班上的同学看到了。如何补救呢？我给小Z的妈妈打电话，想跟小Z打电话沟通，但他拒绝了。

过了两天，我又问他妈妈，她说孩子已经不介意这件事情了。但我上课前看到他的表情明显还是闷闷不乐。于是我发信息询问孩子是否还在因为上次的事情不开心，孩子说没有。而我很敏锐地察觉到他并没有放下心中的芥蒂，于是我给他打了电话。

孩子接到电话，刚开始还是说没事。后来我真诚地向他道歉：因为我的疏忽害他在同学们面前丢脸了。而后我又劝他，同学们很快就会淡忘这件事，自己的学习状态才最重要，成绩上去了同学们自然就会佩服。他终于慢慢打开心扉，说自己有点怕老师，打小就对老师有种距离感，和妈妈的关系也有点紧张。所以当妈妈批评他，同学们嘲笑他的时候，他感觉整个世界都背叛了他，感觉无比委屈和无助。

之后我们又聊了很多，我意识到他特别在意他人的看法。为了避免被嘲笑被轻视，他选择用一个厚厚的铠甲把自己包裹起来，不愿意走近别人，也不愿别人靠近。我和他约定，每周要问老师一个问题，谈一次心。慢慢地，我发现他其实很健谈，愿意把生活中的苦恼和一些思考与我分享。

经过反复的交谈和沟通，我发现虽然他的心思敏感细腻，但是只要我们愿意倾听，他就愿意把心扉打开，而打开心扉之后的师生关系无疑对他的学习有积极的推动作用。

静下来，用真心仔细听少年的心事，让心与心交流，这是教师的使命，也是教师的幸运。要撒播阳光到别人心中，总得自己心中有阳光。而教师心中的阳光就是爱与责任。让我们一起，用爱心与责任心，成就教师职业的光。

化学之旅：小 G 的成长

彭瑞芬

在我教授九年级化学课程这一年中，有一个名叫小 G 的女生闯入了我的视野。小 G 是一个外向活泼的学生，在古诗词方面有着惊人的天赋和出色的成绩。我第一次注意到她是在收集人体呼出气体实验操作中，她自告奋勇上台进行展示。当时氛围很轻松，她也很开心，我以为她的成绩也会像笑容一样灿烂。然而，出乎意料，她的化学成绩一直处于中等水平，属于"瘸腿"学科。日子一天天过去，她着急了。我意识到这是一个帮助她成长的好时机，于是开启了我和她的一段成长之旅，每个阶段环环相扣。而我，乐在其中。

一、指导学生，剖析自我

一天晚上，我和小 G 进行了一次辅导与谈话，内容为近两天课程或习题中的疑问与一张阶段性测试试卷的分析。她自我剖析了自己在化学学习中的不足与盲点，我指正并进行补充、指导。就这样，又过了一段时间，她的成绩有所进步，但也仅仅略高于平均分。于是，我们又开启了第二阶段。

二、上课提问，有所警示

课前 5 分钟是背诵与提问的好时机。于是，我在这一时间段对她进行轰炸式提问。不出所料，刚开始没有准备的她紧张又惶恐，课前如惊弓之鸟一样问我："老师，您不会要提问我半节课吧？"但一次、两次、三次后，她就知道她是我的重点提问对象，于是课前自觉、努力地进行学习与背诵。效果有了，回答正确率一次比一次高，她也不再害怕了，养成了良好的学习习惯。有一天我没有提问她，课后她找到我说："老师，您今天怎么不提问我了？我都背会了。"我说："老师改变了作战方式，以后改为抽查。"她笑了，我也笑了。

三、个性辅导，查漏补缺

尽管小 G 在课堂上的表现有所改善，但她对于化学的理解仍然有一定的困难。我决定给她提供额外的辅导，以帮助她强化知识并提高成绩。每次辅导，我都会及时给予反馈，帮助她纠正错误、加深理解。我还和她分享了一些记忆技巧和学习策略，以优化学习效果。

小 G 逐渐表现出对化学学习的热情，主动寻找课外的学习资料，阅读与化学相关的图书和文章，渐渐摸索出一套适合自己的学习方法。

四、实验着手，提高技能

为了提高学生的实验技能，我安排了一系列实验课，并鼓励小 G 积极参与实验。开始时，小 G 担心出错，害怕实验伤到自己。我告诉小 G 在实验中出错是正常的，通过错误，我们可以巩固学习知识。我在实验课上给予她特别关注和指导，帮助她克服困难并提高实验技能。我鼓励她思考，做实验记录，培养她的实验观察和分析能力。

随着时间的流逝，小G逐渐克服了对实验的恐惧，可以准确地进行实验操作，遵循安全规定，并能够观察和记录实验结果，写的实验报告也更加详细和准确，最终在化学实验操作技能测试中获得满分。

五、展示活动，完美结束

学期末，我组织了一次展示活动，让学生展示在化学学习中的成果。小G决定展示她在实验方面的进步。她设计了一个创意实验，展示一个化学反应的奇妙过程，体现了她对化学的理解和实验技巧的提升。小G的出色表现赢得同学们和家长们的一致好评，她的努力和进步得到认可和赞赏。

都是小报告惹的祸

安　邦

开学初，J同学和班长走得很近，两人形影不离。班长学习成绩优秀，组织能力强，乐于帮助同学。受"物以类聚，人以群分"思想的影响，我想当然地认为J同学也会是一名品学兼优的好学生。

有一天J同学来办公室找我，神神秘秘地告诉我："老师，班长中午第一个来到班级，偷偷吃了块蛋糕。"经调查，确有此事，于是我根据班规"一人偷吃，全班有份"，联系了班长的妈妈，连同几个来校探望的学生家长，给全班同学订了一个大蛋糕。当天晚上，我私下对J同学"大义灭亲"的行为大加赞赏，并特意给他挑选了一块个头最大、上面带有红花的蛋糕作为奖励。J同学以为揣摩到了我的心思，便义无反顾履行起"锦衣卫"的职责，三天两头给我报告班里学生的小动作。

"安老师，×××昨天晚上在宿舍喝酸奶。"

"安老师，×××今天地理课上玩了一节平板。"

"安老师，×××今天下午来学校用了一个小时把周末作业全抄完了。"

看着J同学泛光的眼睛和充满期待的表情，我无比懊悔当初默认他做我的"小探子"这件事。更可气的是，我后来得知，当初J同学举报班长是因为他向班长"蹭"蛋糕未果，明显带有报复嫌疑。自此，我对J同学打小报告的行为开始有些反感，但反感归反感，毕竟他曾经为我"卖命"过。昔日好友的指责，同学们的孤立，再加上来自我几乎是敷衍的反馈，J同学陷入四面楚歌的窘境——是时候拉他一把了！

有心理学博主分享："未成年人的世界观、人生观、审美观和价值观尚未形成，打小报告现象只是他们心理异常的外部表现，是社会情感不成熟的体现。"那么，当务之急是要找出J同学这种不成熟表现的原因。根据我的观察，J同学小报告信息的可靠程度不足50%，基本是一些同学之间正常交往行为的描述，如"×××借别人一支笔没还""×××今天上课和同桌说笑"，甚至"×××中午吃饭刷别人的饭卡"，诸如此类。结合J同学平时成绩平平但又渴望出风头的表现，唯一的生物科代表职务被我剥夺等不难看出，他只是想得到老师的关注，用学生们的话说，就是刷"存在感"。

找到原因就好办了，我把J同学叫到办公室，先是硬塞给他一个沙琪玛，然后眉头紧皱，忧心忡忡地说道："我们的晨午检表没按时上交，一周扣了班级0.4分，我准备把这个重要的任务交给你，你能胜任吗？"J同学连忙推辞："连M同学那种心细如尘的人都会忘，我就更做不好了。"小样儿，还跟我玩心理战术呢。"我记得你之前抽查生物背诵情况，十几课时的工作量，你把背书表整理得井井有条，至今让老师赞不绝口。只要你能让咱们班这一项一周不扣分，我就给你加上0.3分的量化分作为特殊贡献奖。"我使出了撒手锏。"那好，我试试吧。"虽然语气中有极大的不情愿，但他从我手中接过晨午检表后那轻快得几乎要起飞的脚步无情地出卖了他。

还别说，从那以后，我们班再也没有因此扣过分，J同学到我这儿来打小报告的次数明显减少了，这样的改变着实让我欣喜了一阵子。只可惜好景不长，J 同学又开始举报别人对自己的恶意攻击，比如自己参加合唱回来后，位置上总是有垃圾。他举报最多的时候一天可达 6 次之多，只要他和别人发生争执，我都会去做对方的思想工作，让两人重归于好。很显然，J 同学在我的庇护下，失去了自己面对和解决问题的能力——这简直是活生生的"爱与碍"的典型案例啊。

于是，我开始为下一次和 J 同学的较量做准备。

意料之中，这一天来得非常快。一次早操结束后，J 同学快步跟上我，和我并排走。没等我问，他就悻悻地说："安老师，后排的 F 同学跑步的时候故意踩我鞋子。"我笑着对他说："这个事交给你去调查一下，看是不是 F 同学跑步的时候老是找不准节拍踏错脚。你正好是合唱队的，用你的专业知识教教他！"就这样，只要 J 同学前来告状，我总是肯定他作为原告的观点："你知道怎么做才对，怎么做不对，真是一个能正确判断是非的孩子。"我尽量引导并委婉要求他学会自己处理问题，而不是遇到困难就找老师汇报。我经常对 J 同学说："噢？他真的这样做了吗？他会不会很后悔呢？你找机会提醒他一下，看看有没有作用。说不定你能帮助他认识到不良言行的危害，他从此改正了呢！"我还会进一步对他说："你想想看，你若能直接解决问题，既省得再麻烦老师，将问题扩大化，又能体会到规劝别人、帮助别人的快乐。再说，你们之间多直接交流，还可以建立并发展信任和友情，你的朋友将会越来越多，同学们之间的关系也会越来越和谐，我们的班集体会更温暖。生活在这样的集体里多开心呀！"

J 同学仿佛再次得到了重用，只是这次他充当的不再是"锦衣卫"的角色，而是身负重任的"钦差大臣"。作为班主任"口谕"的传递者，他自然是不能随便被别人抓住了把柄。就这样，J 同学成功晋级为班级的"游说员"，用自己的方式为班级的和谐贡献力量。

静等花开会有时，守得云开见月明

王丽娜

又送走了一届孩子，三年的陪伴，心中自然不舍，他们还未走远，我已开始思念。

每一个三年都有不同的故事，这个三年我有三个好班长，今天的故事就从我的班长们说起。

三年前那个"离离暑云散，袅袅凉风起"的日子，我在军训中便开始物色新一届班长人选，最终采用学生自荐和投票选举的方式产生了第一位班长小郑。我一边观察，一边培养他。

或许是那个时候小郑年龄小，玩心较重，导致他在实际的班级管理中效果大打折扣。我对小郑展开培训，手把手地教他。可是人缘极佳的他每次布置的任务，都因同学们的窃笑、不屑、无视，执行起来困难重重。我心急如焚之余，找另一位学生小马谈话，肯定她的能力，寄托我的希望，小马欣然接受我的邀请，担任班长一职。接着我又做小郑的工作。做好小郑的工作后，我宣布小马担任第二届班长。至今我还记得交接仪式上小郑的眼泪，以及他对我说的话："老师，如果我改正自己的缺点，我还有机会再次竞选班长吗？"我郑重地对他说："小郑，我等你，等你能够以身作则的时候！"这个可爱的大男孩始终记得我们的谈话和约定，不断地提醒自己，提升自己，开开心心地求学，快快乐乐地生活，帮助小马做好班级管理工作。

小马上任后干净利落、对人对己要求严格的作风，很快让班级风貌有了很大的起色，赢得了同学们的信任、家长们的赞许、老师们的表扬。我也为自己的眼光感到骄傲，但我清楚地知道，她是个很犀利的孩子，性格有些张扬，很有主见。我在等，等一个契机，等一个她能够真诚地谦虚地就某一件事情征求我的意见的时刻。然而我还没有等到这个契机，暑假便开始了。

开学后，我隐隐约约感觉到小马的作业拖延了，班级工作的安排和部署滞后了，便委婉地提醒她，希望她重整旗鼓再出发。可能是太委婉了，没有什么效果。开学后的第一次测试，小马成绩严重下滑。我想知道假期里发生了什么，便约了小马妈妈聊天。小马妈妈的眼泪让我的心狠狠疼了一下。假期里，小马沉迷于电子小说，整夜躲在被窝里看手机、平板等，为此妈妈吵过她，结果她毫无畏惧地回击了妈妈。小马爸爸常年出差，眼看孩子的学业下滑严重，她妈妈在办公室哭得不能自已。

我以迅雷不及掩耳之势快速换了班长。小马整个人都是蒙掉的，她不知道发生了什么，也不知道自己做错了什么。我能看出来她脸上的不服、气愤，以及对新班长小张的瞧不上，还有对我的敌意。

我不解释、不交接，新班长空降，小马还是跑来问我为什么换班长。我严肃地对她说："你管理班级的能力没有问题，就近期管理懈怠问题，你的思想和态度不在线，最重要的是我对你的提醒是无效的，这一点很可怕。如果提醒是无用的，你我的沟通是无效的，我就会及时止损，我不可能放任你置班级于不顾，我要对整个班级的学生负责，因此我需要换班长。我给过你机会，你没有接住，我觉得你的个性在短期内不会执行我高效积极主持班级工作的要求，因此我必须换班长。新班长不会做工作不要紧，我会手把手教他。当然如果你能够辅助新班长，我很感谢，我一直认为你会带着这个班走到最后，你是我最好的班长，最有能力和魄力的班长，没想到你走了弯路，还是我拉不回的那种。我期待你强势回归，但我不敢确定。因为你的表现和行为告诉我们，只要你不愿意，我们便无能为力。"小马无话可说，一脸的震惊、羞愧以及懊悔。与此同时，小马被撤了班长这件事引起她爸爸的重视。沟通后，她爸爸意识到问题的严重性，恩威并施。同时小马为了挽回面子，成绩重回巅峰后又创了新高。那个努力、积极、向上、有思想的小姑娘又回来了。

第三任班长小张是一个不善言谈、默默无闻，但自我要求较高的孩子。学生不理解为什么会是他当班长，任课教师甚至都不认得他，他自己也不敢相信，问我："为什么是我？我什么都不会，我没信心，干不好。""我会教你，你不必担心。至于为什么是你，因为你对自我要求的标准从不松懈，因为你的正直与善思考，因为你坚持正义，因为你有正确的是非观，因为你心性坚定，因为你懂得寻找真相，因为你坦诚、真诚。这些都是难能可贵的，有这些就够了。你一如既往地做你自己就好，不必担忧，我会教你。"我郑重地对他说。

小张是我花费心血比较多的班长，也是我从不批评的班长，迷茫的时候他会与我交流、沟通，寻求帮助。每遇到一个问题或者他想不明白的事情，我都会慢慢地给他讲我的观察和发现，带他分析学生的性格特点，寻求针对性强的有效解决策略。他慢慢变得开朗起来，在大家的肯定和表扬中，工作逐步上路，成为最有威望的班长，连小马都成了他的追随者和支持者。

小张用不紧不慢的语速、不高不低的声调，向同学们坦诚地剖析问题，真诚里带着执行不打折扣，不卑不亢中带着不容侵犯，成为我最得力的助手和学生们最信服的班长。

三位班长性格不同，各有成长，各有所获，最终都考上了自己的理想高中。大鹏一日同风起，扶摇直上九万里，愿我的班长们在新的起点续写新篇章。

陪伴一朵花开

张　蕴

　　转眼间，我与第四届学生相处的时光已悄然度过三分之一。再回首，小帅同学的成长历程令我印象深刻。

　　第一次对小帅有印象，是在入班竞选班干部时，他积极自荐做班里的电教员。后来他也确实不负所托，由他负责开关的希沃白板和空调基本没有被扣过分，他是个有担当的孩子。

　　然而，在体艺节期间，小帅午休时和同学在宿舍打起来了。生活老师和我说完这件事，我立即展开调查，是那位同学先动的手，但原因是小帅的话激怒了他。经过谈话，两个人都意识到了自己的错误，并写出了反思。小帅委屈巴巴的小脸确实让人心疼，但另一个同学声泪俱下的场景也让人难以忘怀。

　　生活老师将他俩安插到了另外两个宿舍，避免矛盾的再次发生。正好小帅的爸爸在体艺节期间做班级的家长志愿者，我便及时与他爸爸沟通。他爸爸通情达理，积极配合，让我很是感动。

　　一天中午，收到学生的反映信时，我有些吃惊。好几个孩子说小帅语言攻击，骂脏话，让人接受不了……长长的话写满了几页纸，我从中感受到了同学们的怨声载道，这件事必须及时处理，肃清班风。

第三节班会课时，针对同学们反映的种种现象，我让大家展开讨论。我先向孩子们讲了语言霸凌的危害：语言暴力，会形成恶性循环，没有赢家！同学们听完都若有所思……

课后，我单独找了小帅，询问他的想法，他也意识到了自己的错误，说感觉特别对不起被他伤害的同学，以后自己一定会注意。离校时见到小帅爸爸，我告知他孩子和同学闹了点矛盾，已经解决了，并特意叮嘱他关注孩子情绪，有什么事情及时和我联系。周日返校时，小帅又恢复了往日的活力，我也放下了心。

但我知道，只有一次教育肯定不能彻底改变小帅。

很快，第二封信就出现在了我的办公桌上，信中说小帅依然有语言攻击别人的行为，而且对某些老师也不够尊重。我立即联系了小帅爸爸，十分配合的家长说马上就去学校。下课后我叫小帅到办公室说这个事情，他自己很委屈，说已经很注意了，又突然说喘不上气，站不住。我说带他去校医室，他却说缓缓就行，凳子也不想坐，在地上坐一下就好。等他情绪稳定些，我再次问他同学描述的现象是不是真的，他说是，但他不认为这是语言攻击。正说着，小帅爸爸到了，我给他看了这两封反映小帅问题的信。最终，我与家长互相配合，和小帅再次谈心，他也受到了较大的触动。我和小帅爸爸约定好，在学校我多关注他的语言，在家爸爸多关注他的语言。

但我知道，这件事的后劲肯定会在某时某处再次爆发，因为冰冻三尺，非一日之寒，而且他的情绪还没有得到完全疏解。果不其然，语言攻击别人的行为改善后，他总认为自己是受害者。

过了大概两个星期，又一封信悄然而至，又是长达几页，说小帅总说同学霸凌他，和他说话是霸凌，不和他说话也是霸凌。

第三次叫来小帅，我告诉他，我理解他的想法，之前别人说他霸凌，现在他也总觉得别人在霸凌他，这是一种心理补偿，说明他确实认识到以前这样做不对，也知道哪些行为会让别人不舒服。得到理解后，他低下了头，说："老师我再改。"

渐渐地，小帅有了很大变化，和同学相处时，会考虑别人的感受了。我也没再收到其他同学的来信，看到他和班里同学友好相处，便及时表扬他，赞扬他脱胎换骨的改变。

暑假研学时，一个老师说小帅和他们班的一个学生打架了。经了解，原因还是小帅说话激怒了对方。

处理完这件事情后，我进行反思。小帅已经能和班里同学友好相处了，遇到不熟悉的人后，会再次发生类似的事情，说明有些问题在他身上依然存在。我郑重地告诉他："对待不熟悉的人时，要像对待熟悉的人一样，多考虑别人的感受；熟悉的人知道你的性格会包容你，但并不是所有人都有义务包容你，对你的某些不经意的话语，不熟悉的人反应会更大，你以后一定要注意！"小帅很快意识到了自己的错误，真诚地向那位同学道了歉。

其实小帅的真实名字并不叫小帅，"小帅"是他的自诩，老师和同学也都顺着他的想法喊他小帅。这里的小帅身上有着许多孩子的影子。在初中阶段，孩子的行为习惯要反复抓、抓反复，家校通力配合，帮助孩子们茁壮成长。而我和学生的教育故事，还在继续……

做一名有温度的老师

赵雅旭

我任教已经 5 年了。历史的学科属性决定了我每一届要至少带 6 个班级，大概 300 名学生。在这 5 年中，前三年是完完整整地带了一届，很多学生都给我留下了深刻印象。其中有一位学生，至今我们还经常联系，分享点点滴滴。

说起我和她的故事，要回到她上九年级的时候。2018 年，她刚入学，我们对彼此的印象都不深刻。对我来说，她仅仅是 300 名学生中的一个；对她来说，历史学科也只是众多学科中的一门。就这样，我们并不熟知地相处了两年。

九年级的学生面临中考压力。我为了帮助学生树立满分意识，制订了一项激励措施：历史测试，只要考得满分，就可以得到一个小礼物。我经常会给学生准备一些和历史相关的图书作为奖品，比如《中华上下五千年》《史记》《全球通史》等，也会准备一些历史教材中提到的读物，例如但丁的《神曲》、薄伽丘的《十日谈》。可以说这在一定程度上激发了学生学习的积极性，这从颁发奖品时学生渴望得到奖品的眼神中就可以看出。

其实，她的成绩在 40 分左右。当她开始努力的时候，她的成绩就逐步往上走。在一次非常重要的考试中，她的历史得了满分，她非常高兴，也得到了我精心准备的历史书作为奖品。自此，她进入了我的视野。她会在每一节历史课专心致志听讲，认真对待每一次历史作业，会问一些问题，说一些关心我的话。我也会很及时地回答她的问题，回应她的关心。

就这样，一来一往，该中考了。中考结束后，她对我说，历史可能没有想象中考得好。我知道，她想考45分以上，甚至满分，但结果并不尽如人意，她只考了42分。想想，这也在情理之中。能够取得高分的，绝大多数还是基础扎实、会灵活运用的孩子。虽然她在九年级考取了几次较高的分数，但因为底子薄弱，中考成绩并没有想象中的好，但也还好。

就这样，迎来了暑假，她不间断地通过社交软件分享她的学习、她的生活。等到再开学的时候，她已经是一名高中生了，偶尔给我打电话，告诉我她的点点滴滴。每次聊天结束，我都会老生常谈，告诫她要好好学习，把心思放在学习上。目前，她在准备出国留学的相关事宜，说大学要学习医药专业。看到她不断进步，目标清晰，我真的很为她感到高兴。

这是我5年的教学生涯中联系最为频繁的一位学生，我们亦师亦友，她也知分寸、识大体，当然，这和她得体的家庭教育分不开。

与学生相处时，我们要用爱和真心，学生能够感受到。鼓励比批评更受用。老师无意间的一句表扬或是温暖的提醒，都会给学生留下深刻的印象。所以，做一名有温度的老师，是我毕生所求。

善于倾听鲜花怒放的声音

尚利革

我们班有个男孩叫赵甲林，他沉默寡言、不善言谈，但做事沉稳、专心致志。经过一年时间的培养，他听课能抓住重难点，回答问题积极，作业书写整洁且正确率高，表现优异，突飞猛进，拔节生长，鲜花怒放。我和他的故事，正在继续……

善于发现，及时引导

一来到经外（郑州经济技术开发区外国语学校的简称，以下不再一一标注），赵甲林同学就表现出与世无争、淡然自若的模样。通过日常对他的细心观察，我发现他踏实稳重、严谨专注，对自己高标准、严要求。在没有等到他竞选班委的情况下，我主动找到他，与其沟通后，分配给他一项需要每天按时完成晨午检表格的任务。他爽快答应了。一年过去了，他从不曾忘记上交，为班级量化和班级发展贡献了一己之力。

作为教师，我们要善于发现每个学生身上存在的显性和隐性的优点并及时引导，让更多的学生参与班级管理，树立学生自信心，增强学生班级荣誉感和归属感，为其静心学习打下坚实基础。

适当关注，课堂提问

课堂上，我关注他的听课状态，发现他走神、发呆或有灵感时，及时提问他，以提高其注意力，锻炼其语言表达能力，有意创造公开发言的机会，鼓励他表达自己的观点；课间，我观察他与其他学生交往的方式，发现其独自一人坐在座位上时，及时提醒他到走廊活动，放松自我，劳逸结合；查寝时，我会关注他阅读的图书，揣摩其心思，引领提升。

总之，我尝试利用班主任与数学教师身份之便，全方位、多角度，及时关注他的学习、生活、思想动态，发现问题并及时解决问题。

主动"约谈"，引领提升

当我发现赵甲林从"平凡"突变为"卓越"后，趁热打铁，及时肯定、鼓励、赞许，增强他的信心，进一步激发他的潜力；沟通学习方法，帮助他提高学习效率；引导他总结成功经验，为拓展提升奠定良好基础。对于他存在的问题，我和他共同探讨，一起找到合适的解决方法；明确新的奋斗目标，找到身边榜样，见贤思齐，比学赶超。

在他取得阶段性学习成果后，我会及时勉励，激发他的学习内驱力，引领提升。

树立榜样，传递能量

我借助期末家长会，表扬、肯定他的进步，邀请其家长给他颁发荣誉证书、拍照留念，从而带动更多学生加入先进行列；通过班级微信群，发送表扬词、激励语，传播正能量，吸引更多的学生树立明确目标，收获进步果实。

线上家访，全面跟踪

线上家访时，我和赵甲林的家长针对他七年级的整体表现、青春期出现的突出问题及暑假规划三个方面，高效沟通，为其出谋划策，实时掌握他更全面的变化，及时教育。家访氛围融洽、沟通顺畅，形成教育合力，收获颇丰。

路曼曼其修远兮，吾将上下而求索。每个孩子都有自己的花期，也许争奇斗艳，也许含苞待放，也许静吐芬芳，适时浇水，合理施肥，精心陪护，静待花开！

三把钥匙开"心锁"

程　博

　　著名教育家陶行知先生曾对教师说过一句名言："你的教鞭下有瓦特，你的冷眼里有牛顿，你的讥笑中有爱迪生。"教育是一种爱的艺术！每个学生的实际情况是不同的，必然要求教师深入了解学生的行为、习惯、爱好及其落后的原因，从而确定行之有效的对策，因材施教，因人而异，正确引导。

　　班上的小韩同学特别有个性，学习动手能力较强，但性格上偶有偏激，自我保护欲很强，心态容易起伏，班里学生大多很"怕"她，人送绰号——"转（zhuǎi）姐"。

　　在学习方面，对于喜欢的课，她听课认真，作业认真书写，一丝不苟。但对于不喜欢的课，则全部草草应付，甚至在作业没有完成时，不提交的理由已准备充足。晚自习经常偷看课外书，抑或自娱自乐地做手工、自制小游戏道具等，学习效率极其低下。我多次尝试与其沟通，通常都是起效三两天，没过多久则又恢复原样。"勇于认错，坚决不改"，每次我都被她气得不行，却无可奈何，我想或许她是根"朽木"，但我不能因一点困难就退缩，而要尽最大的力量去改变她！

第一把钥匙：激将

九年级新增了化学这门新的学科，于是，科代表的遴选就成了当务之急。我突然灵机一动：要不让她试一试？我立马把她叫到办公室试探一二，在为她做好心理建设之后，我并未直接提及对她的期许，而是转而询问其他几位学生，来了一招声东击西，激起她的好胜心，然后就让她回去了。第二天，她主动走进办公室，在我还未开口的时候，就主动说："程老师，我想试试化学科代表，我有信心做好，请给我一次机会！"就这样，她如愿当上了化学科代表，她这把特别的"锁"也要在我的"预谋"下缓缓打开了。

依照和她的商议，我们制订每周一、周三晚自习进行化学默写的计划，全班集体默写化学方程式或知识重难点，收齐后她逐一批改并详细记录，然后把默写的情况及时反馈给我和化学老师。班级形成了良好的化学学习氛围，学生也有了常态化的化学学习意识，化学成绩逐步提升，在年级排名中居于靠前位置，她的付出和带动作用功不可没。

第二把钥匙：肯定

以点带面，担任化学科代表，让她逐步对自己有了越来越多的自信。当她有一点进步时，我就及时给予表扬和激励，使她处处感到老师在关心她。她也逐渐明确了学习目的，端正了学习态度。

先是她的化学单科成绩名列前茅，优秀和被肯定的感觉是美好的，她逐步对数理化三科的学习都有了明显的学习动力，数理化三科的成绩有了大进步。看到自己在班级学习排名的逐步提升，她又自然而然地把目光放在了自己的总分上。借助她良好的学习态势，我多次找她谈话沟通，给予积极肯定以及学习建议，并启发她合理规划文科学习，树立清晰的学习目标。

第三把钥匙：引领

为了提高小韩的学习成绩，除了在思想上教育她，感化她，我还特意安排了一个责任心强、学习成绩好、乐于助人、耐心细致的女同学跟她同桌。事前，我先与这个女同学进行了一番谈话——让她尽自己最大的努力，耐心地帮助小韩，督促小韩进步。在同学们的帮助和自身的努力下，小韩学习上更努力了，学习积极性提高了，成绩也有了很大的进步。渐渐地，小韩的学习走向了全科高效学习的道路，成绩的提升也变得水到渠成。老师的信任、尊重、理解、激励、宽容和提醒，使她找回了自信并取得学习上的大跨步。

作为一个教育工作者，作为一名班主任，我会以赏识的眼光和心态看待每一个学生，善于发现他们的闪光点，找到打开他们心门的钥匙，用心发掘他们的潜能，给予他们无私的关爱，用博大的胸怀去接纳他们，用人格的力量去影响他们，让每个鲜活的生命在阳光下翩翩起舞！

绵绵春风化细雨

杨　静

我没有想到5班孩子可以表现这么好，而小W的改变是那么突然又云淡风轻，让我特别想感叹一声"教育这件小事儿"。

开学第一天，小W就告诉我上学没意思，课上课下从不与我对视，写英语作业的次数更是用一只手都可以数得过来，经常头上抬，脚尖晃地，满脸都是不屑和无所谓。就这样，小W成了班主任和科任老师都束手无策的学生。

我每天一有时间就小心翼翼地找他沟通，连语气都要拿捏再三，告诉他老师不愿意放弃他，愿意手把手帮他。但是，他好像并不理解，觉得我在没事找事。

终于，事情还是爆发了。在他连着几次拒交作业后，原本只是想拍着他的肩膀问问情况的我，被他甩过来的胳膊推开很远。一时间，积压的委屈瞬间爆发，我的泪水夺眶而出，而一旁的小W似乎有些扬扬得意。

李小锋校长了解情况后，劝导我："哭是没有用的，因为你现在所面对的问题，一定也是家长解决不了的问题。而你要做的就是，有耐心、有爱心，反复抓，抓反复，用爱和耐心去感化他、打动他。"于是，我平静下来，耐着性子与小 W 打起了"持久战"。

偶然的一次早读，我发现小 W 总是探头探脑看我，也没有拿课本。组长告诉我，他的英语课本丢了，不敢让我知道。我装作不知情，中午下班打车去书店买了一本新的英语课本，并写了封信夹在里面，悄悄放在小 W 的书桌上。第二天英语课，我发现小 W 带上了这本书，史无前例地开始听课了！月考后他在反思本上写道："杨静老师愿意牺牲自己的休息时间来帮助我，她很好。"我激动地拿去给班主任看。我的这份用心终于被他感知到，只有我知道，于我于他有多么不容易。

那个周末，我接到了小 W 妈妈的电话，说孩子回家后，给妈妈讲他很感动，第一次觉得老师很温暖，并不是自己印象中的老师总是在找碴儿。

但是，孩子总归还是孩子，改变也不是一时半会儿就可以完成的。好景不长，一次自习课，他在教室后面拍球打闹被我撞到后，一时恼羞成怒，再次拍桌而起。他嚣张的气焰和刺耳的话语让我语塞。教室里安静得可怕，他站在门内，我站在门外，四目相对，无话可说。一门之隔，如此接近又如此遥远。他依旧趾高气扬，不觉得有什么不妥。看着他的样子，我再次没有止住自己的眼泪。

即便这样，我还是不想放弃他。这次我改变了策略，从生活中的小事着手，从陪他看病输液到带他吃饭，甚至作业单都是我单独写下来放到他的桌子上。即便他有时犯了错误和老师恶言相撞，我也会心平气和地和他讲道理，告诉他老师愿意理解他并且原谅他。

一切都在悄然改变着，不知不觉，在同学们的眼中，我成了小 W 的"亲妈"，而两个英语科代表，是他的"亲姐"。

"小 W，老师知道这不是你的本意。"

"小 W，着急的时候先深吸一口气，不要着急，慢慢来。"

"小 W，老师看到了你的进步，也真的很感动！老师相信你可以坚持下去并且做得更好。"

这样的对话几乎每天都发生在我和小 W 之间。

变化突然就发生了。按照惯例，在每节课快结束的时候除了表扬本节课表现突出的孩子，我还会让大家推举两名进步特别明显的孩子。连续很长一段时间，小 W 的名字都在被推荐之列。而有次周末，小 W 竟然主动在班级群上传了语音打卡，这引来了大家的赞扬，至今我都记得他脸上的惊喜和兴奋，甚至还有一丝无法用言语形容的羞涩。

接下来，小 W 也像是换了一个人一样，他开始与我有眼神上的交流，也会尽力参与小组讨论，力所能及地发言，作业写得谈不上好，但都是尽力而为。即便老师有时责怪他，他也不再面红耳赤地和老师争吵，开始理解老师的初衷并且愿意配合了。终于，在一次英语考试后，我收到了小 W 发给我的信息，虽有错别字和语用错误，但是很真诚。我含着泪给他写了回信。

暑期研学，天很热很干，小 W 两次跑过来，递给我水，扭头就跑。返校回家后，小 W 发微信给我："老师，我都有点儿不想毕业了，舍不得咱班同学，你们对我太好了！"我再一次流泪，但这次，是幸福的泪水。这大概就是一个平凡老师的职业幸福感吧。

当然，小 W 只是众多孩子中的一个典型，我把同样的耐心和爱心也用到了班级其他后进生身上，同样有用。

于是，我感悟到：没有爱就没有教育。也许我们所培养的孩子不一定都能成为科学家或者作家，但是有一天他们会为人父母，也会去影响他人。

而我只是想尽最大努力去感化、打动这些勃勃生长的孩子，真正走进他们的心灵，让他们成为大写的人、堂堂正正的人。

当然，转化不是一蹴而就的，会反复出现很多问题，甚至会有激烈的碰撞，但只要坚持下去，就一定会在曲折中前进，也会有意想不到的惊喜。

每个孩子都是一朵花，只是开放的时间不同。而我们要做的，就是绵绵春风化细雨，助他们成才。

以爱之名，用心沟通

于　洁

在八（12）班的教室里，每天都会发生各式各样的故事：有预料中的，也有突发性的；有令人感动的，也有让人头疼的……我在这里陪伴着我的学生。以爱之名，用心沟通。

陪伴是最长情的告白。我几乎每天都会从早操开始，陪学生们开启一天的学习生活。一日之计在于晨，学生早上的精神面貌可能会影响到一天的学习状态。从早操的陪伴中借助适当的契机调动学生积极性，到开启他们朝气蓬勃的能量源——大声早读，进而向每节课堂的 40 分钟要效率，最后在自习课上沉浸式复习、高效写作业，每天看似普通却又独一无二，在陪伴中发现问题、分析问题、解决问题，从而与学生相互理解、相互鼓励、共同进步。

在我的教育故事里，酸甜苦辣都有，但我收获最多的还是被理解的感动与感恩。开学后我的膝盖疼痛逐步加剧，但我还是坚持陪学生跑早操。后来去医院深入检查，被诊断为髌骨磨损严重，积液较多，不能剧烈运动和上下楼梯，我才决定早晨不再跟操，但学生们的跑操质量明显下降。看此形势，我意味深长地给孩子们讲了不跟操的原因，表达了我对他们的期许。令我欣慰的是，他们回报我的是：跑操时步伐整齐划一，精神头儿十足。学生们有时路遇我提重物，会快步向前帮忙提起；课上看我站得太久扶着桌子，会喊着让我坐下……每每想到这些温暖场景，我都会感慨不已！

一群人，一条心，双向奔赴才可以做好一件事。教育不是灌输，一万次的灌输不如一次真正地唤醒学生的良知，这是我的教育理念。无论是德育还是智育，激发学生的能动性和内驱力，才会取得预期甚至超预期的效果。

参加合唱比赛，大家分工协作，课余积极备练，最终取得了比较满意的成绩——集体二等奖的第一名；体艺节，学生们依据自身特点积极组建团队，用更科学的方法参赛，最终获得集体一等奖；一班一品中，大家乐玩、善玩、趣玩，借助爱心家长的伴奏编排，表现不俗，在两次评比中均获一等奖；每周的日常生活和学习，孩子们勤思考善总结，第一学期荣获优秀班集体称号，第二学期每周均获优秀班集体称号……师生齐心协力共同打造班集体形象，提升班级凝聚力，增强集体荣誉感！

进入八年级下学期，随着地理、生物中考的临近，学生们备考也更显主动和担当。背书时互相监督，志愿者早早背会后就提问督促其他同学，学优生积极分享自己的学习经验，从一个小组到一个班级，不落下任何一个同学。

小英同学是我本学期的德育辅导学生。由于心理负担过重，再加上不能及时打开心扉，她的整体状态不是很理想。在最初的沟通中，她闭口不谈，拒绝沟通，随着一点点接触，她慢慢敞开心扉，并能积极主动和老师亲近。在体艺节歌唱比赛时，她拿着相机，走近我说："老师，我想和您合张影。"一时间我竟有点儿恍惚，欣喜与激动交织，愉快地靠在她的肩膀上，和她拍下了独属于我们俩的记忆瞬间。没想到，在学期即将结束时，她找到我说："老师，我看您的生日正好是暑假，我想提前送给您一个礼物。"说话间她拿出一幅画，是根据我们的合影画出来的一幅画。还有一封长长的信，信里述说着她初识我、亲近我的点点滴滴，从最初她见到我时的畏惧感，到现在的很踏实的安全感……我感动于这种心灵与心灵的交流和碰撞，感慨于教育者的幸福感和荣耀感！

故事还在继续，我也会继续以爱之名，用心沟通。

用爱与赞美，待一树花开

张玉杰

2019 年 8 月，我来到经外。回首这四年多来的教育之路，我没有什么轰轰烈烈的壮举，更没有值得称颂的作为，有的只是平淡日子里细碎的温暖和不断收获的一次又一次的感动。孩子们带给我许多收获，他们的快乐与真挚、成长与进步，让我深刻地体验到了教师这个职业的魅力和乐趣。

作为一名教师，我会时刻提醒自己，要努力挖掘每个孩子身上的潜力。在教育的过程中，每个孩子都有不同的花期，我们要放慢脚步，静待每一朵花开。回首这一学期，一张张灿烂的笑脸，一个个有趣的故事，仿佛翻开了一本精美的画册。画册里有我与孩子们共同拥有的故事，每一个故事都真实记录着我和孩子们成长的痕迹。

用爱心打开学生的心灵之门

魏书生老师曾说："走入学生的心灵世界中去，就会发现那是一个广阔而又迷人的新天地，许多百思不得其解的教育难题，都会在那里找到答案。"要打开学生的心灵之门，必须有"爱心"这把钥匙。

2022 年 9 月，学校实施了"一生一师"德育导师制，每位教师都有自己的导生，小陈同学就是我的一名导生。他平时作业不能按时提交，课堂有时候不专注，性格有点自卑和孤僻。

我经常和他谈心，了解他在学习、生活中遇到的问题。他父母对他要求很高，很少表扬他，只看重成绩。我能感受到他的压力很大，为他担心，也深知这种状态对孩子的身心发展都是不利的，我便开始发掘他的优点并不断给予鼓励、表扬。他很擅长唱歌，会吹笛子。有几次我利用课前时间鼓励他给大家唱英文歌、吹长笛，他精彩的表演赢得了阵阵喝彩；在课堂上多关注、提问他，让他给大家讲题，这大大增强了他的自信心，也让他能敞开心扉和老师谈心。

有句话说，"谁爱孩子，孩子就爱谁，只有爱孩子的人才会教育孩子"。每次和他谈话，我都会给他足够的尊重，真正地从心灵深处感化和触动他。他行动着、努力着，为着可能会出现的彩虹而艰难前行，我也被感动着。

用赞美助力学生的健康成长

教师的赞美是阳光、空气和水，是学生成长不可缺少的养料；教师的赞美也是一座桥，更是一种无形的催化剂，能增强学生的自信心。每个孩子都是独特的个体，教师唯有以满腔热情温暖学生，以积极向上的情绪感染学生，以耐心与智慧陪伴学生，方能营造融洽的师生关系，助力学生拥有美好未来。

班里总会有那么几个听课不认真，不积极参加活动，作业不认真写、不及时提交，学习态度不积极、让老师头疼的学生。小赵就是这样一个孩子。但是，一件微不足道的小事改变了我对他的看法。有一次，我让学生写写身边同学的优点，我发现平时安安静静的赵子轩在自己本子上毫不吝啬地赞美别人，这让我十分惊喜。我便及时大力表扬他有一双发现美的眼睛，字写得也很好。从那以后，他的字写得越来越好，而且学习也更认真了。有时，他写完作业会跑到我跟前说："老师，这是我的作业。"当我向他竖起大拇指时，他脸上洋溢着从未有过的自信。早读时，他也能主动捧着课本，认真投入地大声朗读了。当我很欣慰地把他的名字写在表扬栏里时，他读得更起劲了。看到他点点滴滴的进步，我非常高兴，感受到赞美的力量已经潜移默化地使他心中健康、自信的种子生根发芽了。

有人曾说，万物皆有裂痕，那是光照进来的地方。那个裂痕应该恰恰就是我们教和育的契机，就是能发挥和展示我们教和育智慧与光芒的高地。我想改编冰心先生的一句话：爱在左，责任在右，走在生命路的两旁，我们随时撒种，随时开花。

作为老师，我们要善待每一个孩子，用心呵护他们，温柔以待，助力他们的成长。因为教书育人的幸福感，不在于学生的回报，而在于教师这个职业本身所蕴含的无穷的乐趣。

启　智

心以启智，智以启贤。主要收录用智慧、科学的方法解决学生问题，并在过程中积累一般经验和方法的教育故事。

教育的印记

王东方

爱是一道光

师爱是给予和温暖。3 年前，新接手七年级，班里有一个男孩小 Z 因为陌生环境严重焦虑，每天晚上放学都闹着要回家，以至于我每天晚自习放学后都得陪着他到校门口和他家长见面并开导他。在家校双方的不懈努力下，孩子的焦虑情绪逐渐缓解，但偶尔还会出现闹情绪的现象。

师爱是引领与信仰。七年级第一学期期中考试第一天晚上，小 Z 妈妈打来电话，说谢谢我。我有点丈二和尚摸不着头脑。小 Z 妈妈告诉我原委：小 Z 今天考试完，打电话说考得很好，说他考试前见到了我，我对他说加油，他信心倍增，发挥出自己的最好水平……

师爱是包容与治愈。九年级下学期刚开学，小 W 的焦虑症又犯了：发呆，严重时甚至四肢发抖。看到他的样子，我不禁心疼。找他谈心，他对我大声嚷嚷："上学有什么用？考上大学有什么用？"这个年龄段的孩子，有自己的认知和想法。现在这个情况，一味地对他讲大道理，估计会让他产生更加强烈的逆反心理。我岔开这个话题，跟他聊生活，聊娱乐，聊班里的有趣现象，他逐渐平静下来。我跟他说："累了，就歇歇，睡一觉，一切都会好的。这里有沙发，躺在这儿睡一会儿吧！"果然，一个小时后，他"痊愈"了。两个月后的中考，他如愿以偿考了高分。

孩子在成长的路途中，会经历许多意想不到的困难和挫折。作为老师，我们要时时关爱他们，少一些埋怨，多一些宽容；少一些苛求，多一些理解；少一些指责，多一些尊重。

爱是一道光，指引我们到达想要的未来；爱是一道光，照亮我们……

长大后，我就成了你

中考后，有几个学生打来电话说："老师，想你了。"我欣然赴约。谈及未来的规划，有个男孩问我："老师，我将来想当老师，你感觉怎么样？"我调侃道："是不是老师虐你三年，你气不过，准备用三十年的时间虐你的学生？"他装得一本正经，说："是，但到时候有可能是他们虐我。"满脸的生无可恋。大家哈哈大笑。

一直在思考一个问题：初中三年，我教给了学生什么？是知识和能力吗？初中三年他们从我这里学到的知识和能力真没多少，那些只是他们知识海洋里的沙粒。是方法？这些方法，会在他们成长过程中逐渐被淘汰。三年，或许我什么也没有教给他们，不过在三年相处过程中，他们从老师身上学到了正直和善良，无私和奉献，刚毅与坚持，积极与向上。潜移默化中，他们也成为品质高尚、积极乐观、勇于担当的少年，有信仰、有理想、有爱心、有坚持。

教育是一种传承。教师，要把最优秀、最美好的文化和品质传递给学生，让他们传承下去。

善待孩子，为成长助力

王　潇

　　世界上没有两片完全相同的树叶。每个人都具备不同的特质，尊重每个人的差异性，才会看到生活中不一样的美好。身为教育工作者，面对各种性格的孩子，我们更需要发现每个孩子的优点，鼓励、理解、善待孩子，在学生成长的道路上为其添砖加瓦。

　　这学期对我来说是特别而又有挑战性的一学期。突然接手班主任工作，一开始我是非常拒绝的，觉得自己难以胜任这份工作，甚至有些恐惧。因为班主任工作是非常琐碎的，需要付出大量的时间和精力。在学校领导的协调与安排下，我还是接下了4班班主任的工作。从一个数学任课老师变成一个班主任，这让我有点不知所措。

　　说到这学期的工作总结，我印象最深的还是与学生在一起的点点滴滴。初接手班主任工作，对班级架构、文化等都不了解，无从下手，甚至比较茫然。还记得那天中午，两个女生走到我面前，递给我一张班级班干分工表，上面清楚地写着每个班干部的职务，说只要是班级的活动，都可以交给她们，她们会全力以赴。这给了我很大的底气与信心，也给了我勇气。

　　班里还有一个男生比较调皮，成绩不理想，爱说话，导致经常被扣纪律分，让人很头疼。有时候我忍不住想批评他，但是效果并不好。我决定找他聊天，了解他，从而制订下一步的解决方案。刚开始孩子不愿意说，习惯性认为老师找他就是要批评他，索性低头认错。看到孩子这种态度，我开始逗他，与他聊家常，渐渐地，他开始主动说话了。他说有时候也不是故意捣乱，而是觉得自己啥都学不会，也考不上高中，于是开始破罐子破摔。我察觉到他缺乏自信心，需要关爱与认可。接下来，我一有机会就会找到他表现好的地方重点表扬他。慢慢地，他觉得自己好像也可以做得很好，甚至有时候会主动去做一些事情，明显自信了很多。

在和学生的相处过程中，我越来越体会到教育就是师生相互成就、共同成长的过程。学生需要的是老师多一点点、再多一点点的包容、关心、鼓励，需要的是被尊重、被接纳。作为老师，我们应善待每一个学生，用心呵护每一个学生，温柔以待，为成长助力。

被风吹过的夏天

赵　腾

我与小甲同学的故事开始于 2023 年初夏……

欺　骗

"丁零零——"伴随着清脆的铃声，我迈着轻快的脚步走进 12 班。接班将近两年，每每在 12 班上课简直就是一种享受。活泼、热情的孩子们，犹如一只只欢脱的小鸟，热烈且积极回应着每一个问题。有时候他们脑袋里还会生出一些不着边际的想法，我也并不急着制止，而是同他们一起探讨这些问题，看着他们争论得面红耳赤。而这所特有的"自由"时间，往往会导致无法完成当堂授课内容。然而，我认为课堂就是学生的主场，这种方式是他们所喜爱的，就让他们一直保持这份热爱吧。我一直自信且坚定地认为他们是喜爱道德与法治课的，殊不知我只是被他们课堂的表现蒙蔽了双眼。

"老师，我这两天刚做完一套试卷，请您给我改改主观题呗。"一测结束后，小甲同学成绩不理想，开始疯狂刷题。每次候课时，她总会拿出做好的题让我批改或讲解。几乎每次我批改的分值都未达到她的预期，她每每都有种乘兴而来、悻悻而归之感。而这次依然不例外。看着她眼神中的光慢慢黯淡下来，我甚是心疼，刚想要安慰她几句，却听她说道："老师，我好讨厌这门学科啊，它真的难学死了，高中我死都不选政治！"她的声音有些大，前几排的学生听到了，竟然也跟着附和："就是啊，高中我再也不学它了……"这些话重重地砸向我，挫败感、无力感交织着涌上心头，一时间堵得我喘不过气。他们课堂上积极的表现让我一直误以为他们是热爱这门学科的，我有种被欺骗、被背叛的感觉……

欣　慰

第二天上课我特意播放了一段视频，视频中的这位老师进班前在努力调整自己的状态，最后面带微笑走进教室。我随即抛出问题："这位老师为什么要这样做呢？"同学们七嘴八舌。有人说："情绪是可以传染的，他要把积极的情绪带给同学们。"听到想要的答案了，我心中一阵窃喜，随即说道："作为立德树人的关键课程，我们这门学科是助力大家成长成才的必修课，通过学习……我们走进社会，关注国家，关心世界，逐步成为全面发展的、人格完善的人，所以，最后的冲刺阶段，大家须充分认识到学习这门科目的重要性，鼓足勇气迎接它、面对它、挑战它，让它助力你的中考，托举你的成长，有没有信心？""有！"震耳欲聋的声音，让我在欣慰之余又燃起了激情和斗志。这一节课，我上得无比愉悦和痛快。

下课时，小甲同学慌忙拿着试卷跑到我跟前，少了往日的大大咧咧和随意，多了几分羞愧和拘束，低声细语地说："老师，我没想到那句无意的话会给班级带来这么大的负能量，您能原谅我吗？"我笑了，没直接回答，随即拿起她手中的试卷说道："如果这次分数还不理想，怎么办呢？""那就继续努力啊，您讲的我很认同，学习一门学科不能太功利了，我不能因为成绩不理想而轻视它。"听到她的回答，我的心情一下子畅快了。能让孩子有这么深刻的认知，便是这节课最大的价值吧。

感　动

下课铃声响起，我正欲离开教室，小甲同学着急忙慌地喊住我："老师，从现在开始直至中考，我中午不回宿舍休息了，所以，想麻烦您每周给我指定个读背范围，可以不？"虽然我一直坚定地认为，休息好才能有足够的精力拼搏中考，但架不住小甲同学的坚持，我终于妥协了。有几次中午，我悄悄从教室外面经过，看到埋头苦学的小甲同学，除了佩服和心疼，我总会想起一句话："一个人使劲踮起脚，靠近太阳的时候，全世界都挡不住他的光。"她身上那股不服输的坚毅如同一道光，终究会冲破一切黑暗，带着她奔向美好。

中考结束后，我收到了小甲同学发来的一段话，言语中满是道不尽的感谢。我看了一遍又一遍，感动了一次又一次。教师这个职业的幸福感大概正是由这些细微的温情、欣慰的点滴汇聚而成的吧。但同时，细数这段时光，小甲同学犹如一颗闪亮的星星，也在照亮着我，失意时、想退缩时，我总会想起午间那个刻苦的身影，作为她的老师，怎敢认输呢？

那晚，我熟熟睡去，睡梦中，如诗如画的夏日，湛蓝的天空中懒散地飘浮着朵朵白云，清风徐徐，树叶微摆，一群鲜衣少年踏着笔直的柏油路，聊着梦想，走向远方……

用真心换真心

黑莉丹

我一直明白，只有真心才能换来真心。只不过有时候，这个过程稍微有些漫长。

一

我是小张同学的德育导师。

得知自己成为他的导师之后，我便时不时通过钉钉与他联系，上课提问、课下抽查背书也都有了他的名字。了解到他的英语成绩总是提不上去，我还特地请教了他的英语老师，将英语老师反馈的问题一一与他交流，力求让他改正。为了提高他学习英语的积极性，我与他约定：每周一起做一套英语中考真题。

有一次上课讲"三顾茅庐"，其中有一部分内容是"隆中对"，若没有看过原著会很难理解。我知道他读过很多书，对《三国演义》非常熟悉，也对这些历史故事感兴趣，于是我提前找到他，请他在课上为同学们讲解"隆中对"的内容。他答应得非常爽快，也做了非常充分的准备，手绘了一幅地图，课堂讲解效果非常好。

慢慢地，他竟然开始跟我说一些他内心深处的想法，虽然有时候说话说一半，但我也并没有过多追问。我觉得，他想告诉我的时候自然会告诉我。这种变化让我沉浸在一种巨大的幸福中。

然而好景不长，他突然不再理我了，除了提问、抽查这些"硬性"的交流，我给他发的钉钉消息他一概不回复，每周一套英语真题的约定也只有我在坚持了。有时趁着课下抽查，问他为什么不回复消息，他也只是含含糊糊地回应"没看到""爸妈拿着手机"之类的话。

我有些茫然无措，不知道为什么突然会发生这样的改变，幸福消失得太快，我又陷入了一种巨大的失望中。

直到九年级下学期，我才隐约知道了他变化的原因。

二

九年级的晚延时结束后，会有一位值班老师到男生寝室协助生活老师管理纪律。那天轮到我去男寝。

想着好久没到宿舍看过了，我就去了自己任副班主任的班级。同学们在宿舍看到我，有的惊讶，有的惊喜，都热情地同我打招呼。但是他一脸平静，说："老师，我知道你来这里是被迫的，因为你要值班。"

我一瞬间愣在原地。

电光石火间，我好像明白了他突然的改变——他觉得我找他谈心是被迫的，我的真心是虚伪的。

可是孩子啊，任务是任务，真心是真心，两者为什么一定是矛盾的呢？

那就把一切交给时间吧，时间会让他看到我的真心。

三

虽然我不再找他单独谈话，但好像总是忍不住"偏爱"他。课上提问他的次数仍旧比较多，课下他犯错误的时候也对他批评得更为严厉。

有一次提问背诵，他站起来后有点紧张，一时间没有想起来，其他同学都在等着他接受惩罚，但我知道他在记忆方面很厉害，肯定会背，我就说："别笑，小张同学肯定会背。"刚说完，他大吸一口气，说书似的就背完了，幽默的样子引得大家哈哈大笑，他也笑得特别开心。

还有一次，也是提问背诵，是一篇很难的课文，连续提问了好几个同学都不会背，我气得火冒三丈。突然看到他稳稳地在座位上坐着，我想都没想便来了一句："小张同学，来，你给大家背一下。"他有些自豪地站起来，又像说书似的就背完了，同学们都为他拍手叫好。

他过生日时，他妈妈送来一个大蛋糕和许多零食，想在班里给他过一个难忘的生日，我也默默地出了一份力：制作了精美的PPT（演示文稿），还放上了七年级运动会时他坐在草地上看书的照片。完全不知情的他看到这些的那种惊喜，那种兴奋、骄傲……原谅我无法用文字来形容。那天他开心得像是一个小孩子。不过，他原本就是一个小孩子。

一切都看似向好发展。

然而……

四

临近中考，复习节奏加快，我对作文的重视达到了空前的程度，毕竟它在中考中占了50分。我常常花费两节课的时间评讲学生们的作文，不仅讲好的，也讲不好的。

那是他第一次尝试写议论文，出现的问题比较典型，正好我想趁机讲一讲如何拟定看起来"高大上"的分论点，就把他的作文当作不好的例子呈现在大屏上给大家看，请大家帮他修改分论点。

大家正看着，他突然发出了"哈哈哈"的大笑声。我一开始还觉得他真的在笑，可慢慢地，我察觉到不对劲儿，快速来到他的座位旁，发现他在掉眼泪。

我的心被猛地砸了一下。

他的状态非常不好，形容他这种状态最贴切的词语是——癫狂。

课下，我把他叫出来，认真地跟他道歉。没想到看起来大大咧咧的孩子心思如此敏感。一开始，他并不接受，我俩第一次的谈话不欢而散。我一下课就跑去教室看他，看他心情怎么样，害怕他做出冲动的事情，害怕他不好好听课，毕竟临近中考，如果他连课都不好好听了，那我真的是一个"罪人"了。

晚自习，他因为之前背诵没完成，来找我背书。背完书以后，我又提起课上的事情，再次非常诚恳地跟他道歉。他终于开口了："老师，您没错，是我的错。"

我以为他这是气话，就把话接过来："是我的错，我应该提前告知你。"

"没有，老师，真是我的错。我不该在课堂上那样做，扰乱课堂纪律。"

"咱俩都有错，那咱俩是不是扯平了？"

"嗯……"

我起身抱住他，轻轻地说："那咱俩就算是和好了啊。"

但他议论文写得不好是事实。

我问他："你想不想练习议论文？"

他回答："想。"

"那以后你每周写一篇议论文来找我批改，好不好？"

"好，老师。"

以后的每一周，无须我催促，他都会交过来一篇议论文，我面批，他再修改。他的写作水平就这样一点点提高了。

事后想想这些，真应了一个词——福祸相依。

五

班级毕业典礼结束了。他跟着好几个同学在办公室外探头探脑，有些"扭捏"，看见我看见他了，才终于走到我面前，拿出一个盒子："老师，送您一个礼物。"

我很惊讶，更多的是惊喜，还有一些感动："哇，是杯子吗？谢谢！"

他又不好意思地把另外一个盒子也拿出来："这个也是给您的。"

我被他可爱的表情逗笑了："为啥送我两个？"

他挠挠头，不知道怎么回答。

"这是不是情侣杯呀？你想让我和我家那位一人一个？"

"是的，是的，老师，你们一人一个。"

"真的非常谢谢你。我们再抱一下吧！"

我抱住他，轻声说："希望你从这里走出去，走到更广阔的天地中去。"

两颗真心终于相遇。果然时间可以给出最好的答案。

以爱浇灌绚烂之花

孙 娟

在经外这所环境优美、教育理念先进的学校，我和我的女孩——小宜，教学相长，温暖相拥。

初中大概就是有这种魔力，它自带一个叫作"叛逆"的池塘，部分孩子总要在这个池塘里扑腾扑腾，洗去一身童稚，才能满意地接着长大。我与小宜的初次深入接触，正好是她初入叛逆池的时候。

记得那是七年级下学期开始没多久，一次大课间，5班的一个女孩子来到办公室，对我说："老师，我想和您说说话。"她就是小宜。之前，我和她不过是课堂提问、作业批改之类的泛泛之交，从未谈过心，一时间还觉得挺受宠若惊的。自觉交情不深，孩子又难得愿意和我谈心，我就没有一上来批评她逃操，而是提醒她下次注意，并暗自决定课间操结束后向班主任求情——孩子想谈心肯定是心里不得劲了，先疏通心理再强健体魄，这次就不批评她了吧。

我带她来到了连廊——这里敞亮又安静，不说话心就先开阔了几分。但显然，她未能体会我的用心，心情也没有好转一点，因为她一开口就来了句："老师，我周末不想回家了，您能和我妈说说，周末让我住宿舍吗？"

说完，眼睛就红红的。我被她的要求难住了——一般情况下孩子们周末都要回家的，同时很疑惑：小姑娘一周没见爸爸妈妈了，一般都很盼望周末回家，小宜却相反。所有看似不合理的要求背后必有不同寻常的原因，我准备先弄清原因。我静静地站在她身边，待她平静一些后，说："一周不回家，其实你很想家吧？为什么又不愿回去呢？是不是有什么难题？给老师说说，我们看能不能共同解决。如果暂时解决不了，你仍不愿回家，老师邀请你周末去我家里。"

接下来，她用一整节自习课的时间，向我倾诉了自己的烦恼。有阶段考试没考好的忐忑，有妈妈更多关注妹妹却不关心她的委屈，有和同学相处的困惑……我没有直接告诉她怎么办，而是跟她讲起了自己以前遇到的一些委屈；讲事情可能一时解决不了，但积极面对总比消极逃避要好；讲少年要全力奔跑，不必理会风向；讲沟通是解决事情的好帮手……大概倾诉够了，也获得了面对困难的勇气，小宜周末回了家，返校的时候也是高高兴兴的。

之后，我俩算是成了铁师徒。小姑娘特聪明，但也很有个性。就数学来说，她只喜欢挑战高难题，不太看得上基础题，小失误不断；她还有点偏科，认为文科就是背背，没有挑战性。结果平时她数学考试拿不了高分，文科也不突出。这激起了她的叛逆之心，开始在课堂上有小动作，不按时交作业，顶撞老师，慢慢成了令各科老师又爱又恨的"小刺头"。在一次"说班"时，各科老师指出了小宜这个典型。我提出，既然"批评"这服药不对小丫头的症，那何不"偏爱"她一点？于是，各科老师积极提出意见，并针对这个需要很多很多爱的孩子，制订了个性化策略。而且班主任与各科老师一起，把这个策略长期坚持了下来，不因孩子一时淘气就放弃，也不因孩子长期叛逆而厌烦。对小宜犯错就管，批完还爱，让她在严格的环境中感受到实实在在的"偏爱"，这一坚持就到了她毕业。

三年，是初中的年限，但不是师爱的年限。各科老师共同以爱浇灌出的这朵经外之花，最终绚丽盛开。2023年中考，小宜取得了不错的成绩，性格越来越柔和，不再叛逆。毕业前，她和我告别，说："老师，我会永远记得您说的话——每一个人都是最特别、最珍贵的，我也是！"听后，我内心很欣慰：小鹰终于有了强健的翅膀，将要在蓝天勇敢翱翔！

小宜和我的故事还在继续。相信在经外，将会有更多的孩子在爱的浇灌下缤纷盛开，清香满园！

以爱育爱，静待花开

沈姝雯

说来惭愧，作为一个仅仅拥有两年工作经验的职场小白，身边尽是比我优秀比我有经验的同人，我在工作中没有轰轰烈烈的先进事迹，也没有催人泪下的动人故事，只是以平常心做着平常事，在平凡的工作中践行自己的教育理念和人生目标。

弯下身子，倾听花儿诉说自己的心语

真教育是心心相印的活动，唯独从心里发出来的，才能达到内心深处。我的德育学生是一个沉默寡言、成绩偏下的女孩，和同学相处时也小心翼翼。内向的孩子不如活跃的孩子能得到更多的关注，往往是被教师忽略的一个群体，他们怕"抛头露面"，但内心又渴望被关注。然而，过分关注会让他们害羞甚至不知所措，所以需要教师更主动、更耐心地走近他们。于是每次在走廊里看到她时，我总会欢快地叫她的名字，然后布置给她一个小小的任务，比如"帮我把某某叫到办公室来""帮我通知科代表布置今天的作业""帮我提醒科代表收作业啦"。久而久之，她成了我的"传话筒"，无形之中拉近了我们的关系，同时也让她放松了戒备，让她知道她也是被老师关注和在乎的。

她从我这里获得了安全感之后也变得更愿意表达了。在一次偶然的交流中，我得知她因为家庭关系敏感，缺乏自信心，不愿与人交际。于是我宽慰她，人生会有很多的求之不得和身不由己，我们左右不了他人的命运，却可以掌控自己的未来，你在学校过得开心充实，日后能有一条美好的人生之路，就是对父母最好的报答。课后我主动联系了她的家长，告知他们她在学校的表现，并提醒家长及时关注她的情绪波动，多与她沟通，也让家长感受到来自老师和学校的支持，形成教育合力。

此后在日常的学习生活中，我更主动地关心她，及时了解其心理变化；在谈话交流中，多说鼓励的、正能量的话，有意识地增强其自信心。值得开心的是，我不仅对她有了更深入的了解，她也把我当作课下的朋友，我用"爱心"这把钥匙打开了她的心灵之门。

轻踮双脚，细察花儿的每一次颤抖

某著名哲学家曾说过："人类本质中最殷切的需求是渴望被别人肯定。"青少年时期的学生需要被肯定，她也是如此。

八年级地理、生物一模考试的前一天晚上，她来办公室找我，一见我就沮丧地说："沈老师，我完蛋了，我感觉我明天肯定考不好了。"听到她这样说，我急忙询问原因，原来是她在向同桌请教疑难问题时，同桌说了一句"这么简单的题目，你都不会"，她自己也发现临近考试了，自己的问题竟然这么多。由于自身成绩不稳定，加上来自家长、同学的压力，她十分焦虑。我欣喜于她有一颗上进的心，安慰她"放平心态，不要放大困难"，给她积极的心理暗示，帮助她调节情绪。由于考前心理急剧波动，她的考试成绩不尽如人意——只考了 32 分。我立马找她谈话，她明确地向我表达了决心——二模时一定要考到 40 分以上。我表扬她是个积极上进的好孩子，与她一起制订了复习计划，要求她每天都要到办公室给我背一个知识难点，讲一道错题。在平常的课堂教学中，我也会优先提问她，一旦她回答正确，我就会郑重地表扬她。她写得一手漂亮的字，我便让她把课本中容易写错的字抄写到黑板上，让班里的同学都能及时巩固。渐渐地，她的自信心、学习主动性和学习能力都增强了。

孩子的自尊心往往比较脆弱，我们要善于捕捉他们身上的闪光点，并趁势表扬，促其发光。二模成绩出来后，她的家长特意给我发微信，说自己对孩子的进步感到惊讶。我调侃说，孩子的花期到了，让我们期待她的绽放。

爱是无声的教育，也是最有效的催化剂。教师对学生的爱，胜过千万次说教，每个教育者都应该散发爱与善之光，哪怕再细小的光芒也能帮助花儿驱散一点黑暗。

细心浇灌，用心记下花儿的绚丽绽放

临近期末，又迎来了地理、生物的中考。这天早上，我走进办公室，看到桌子上有一封信，是她写给我的，读完之后，我眼眶湿润。能被学生惦记，是师者最大的幸福，而今，我的这份信念变得更加坚定。我很庆幸学生的漫漫人生之路与我的人生交叉，在这短暂的重合时光中，我将充满梦想与生机的种子播进他们内心的园圃，细心浇灌，使之生根发芽，茁壮成长！

每个生命都有无限的潜力与可能性，在教育的路上，我愿意做那个听故事的人，倾听每一个学生的成长，以爱育爱，静待花开！

挖掘闪光点，做好引路人

王　倩

　　"没当过班主任，是教师生涯的遗憾。"很多"过来人"都曾这样说。做了班主任之后，我才真正地认同这句话。当一双双明亮的眼睛充满信任地盯着我，当我把一场场"事故"变成一个个"故事"，我突然明白了我工作的意义。如果说教师担负的责任是教书育人，那么班主任更像是学生成长方向的领路人。成为班主任的那一刻，我就告诉自己，我要努力让每一个生命都有活力、有价值、有尊严。

　　寻找每一个孩子的闪光点是教育者的必修课，我们始终相信，总有一片天地可以让他们尽情发光。但是，作为一名班主任，发现孩子存在的"问题"的目光也同样要敏锐。军训的时候，我就发现有个孩子是 52 名学生中站得最笔直的，但也是被教官罚得最多的。经过几天的观察，我大致了解了他的特点：为人真诚正直，但纪律问题很突出。当时，我跟副班主任关老师调侃："这个孩子，引导好了，能让整个班的风气特别正；引导不好，他能扰乱一个班的学习氛围。"

　　开学两个星期，任课老师都认识他了，原因都是："他课上话太多了！虽然积极一点挺好的，但是他总是把话题扯远，还不听老师的话，影响课堂教学进度！要么就是不听课，在那儿写写画画。"真是应了我的那句话。可能因为我是班主任，他在我的课上倒是规规矩矩的。于是，没课的时候，我开始频繁查课，终于抓住了现行：道德与法治课上，我没收了他一个写写画画的本子。正当我盯着这份"证据"，苦恼于如何解决的时候，却发现他不是胡乱作画，而是画一些枪支器械，虽然用的是普通铅笔，但画作的精美程度令人震惊，每一处细节都展露无遗，连枪上的花纹都画得如此清楚。我不断观察，了解到他非常喜欢军事文化，喜欢看一些军事方面的图书，他的爸爸妈妈也是军人，据说他也是一名小军事家呢。我茅塞顿开，何不利用他的兴趣爱好对她进行正面引导？

他又"犯错"了，我与他开始了第一次"会谈"。他自豪地说道，他的梦想是成为一名军人。说到梦想时，他的头昂了起来，身体不由得站得很直，脸上还带着一丝羞涩的笑。这般真诚的模样都快让我忘了这是一个让很多老师头疼的孩子。我告诉他，要想成为一名优秀的军人，首先需要有非常强的自律意识，能够约束好自己的行为，在对的时间做对的事。他有点不好意思了，低下头小声地跟我说："老师，我知道我的问题，我上小学的时候就这样，我会努力改的。"我看出了他的失落，随即说："老师相信你，你早晚会成为你想成为的人。"

自此之后，他"消停"了一段时间。但是，没多久，生活老师就来"告状"了。那天晚上 11 点，生活老师发来消息："王老师，×××熄灯后串寝，有说有笑的，影响几个宿舍的同学休息！"这么明目张胆地违纪！我把这条消息转给了他妈妈，"对付"他，我需要家长的帮助。他妈妈表示很无奈："王老师，我最怕收到老师的信息了，他上小学的时候我经常被请到学校，他的问题我太了解了。这个问题等他周五回来我们一定开个家庭会议好好谈谈，毕竟这样违纪既影响了自己又影响了他人。"最后，她还跟我说，其实孩子来到经外这段时间已经改变了很多，他也在慢慢变好，很感激经外的老师们能去包容他、改变他。听到这里，我的"怒气"平息了几分，毕竟这段时间我看到了他的一些变化，也能够感受到他心底的那一份柔软与美好。我相信，一个有正义感的孩子的本质绝不是坏的，我也相信，一个有梦想的人一定能克服自身的问题，去努力实现自己的梦想。接下来，就继续跟他斗智斗勇吧。

每一位学生都是一粒藏在贝壳里透亮的珍珠，每一位老师都应争取做打开贝壳让珍珠发光的人。我在努力地用爱、用心做每个孩子的伯乐。岁月的溪流里，我庆幸遇见最蓬勃的生命，彼此成就，共同抵达，无所畏惧。

心有花开，岁月生香

王 舟

我们班有这么一位学生，不愿意与人交流，情绪低沉，表达过生活没有意思的想法；不遵守学校纪律，成绩偏科，对老师的批评呈现一副无所谓的态度。

面对这种情况，作为班主任的我很想要走进他的内心，帮助他走出困境。于是，我不动声色地通过各种途径去了解他，最终分析出几点原因：第一，家庭原因。他的父母都在外地工作，他长期和年迈的爷爷在一起，缺少家庭温暖。再加上住校，和父母见面交流的时间就更少了。这就导致孩子没有归属感，感受不到家庭的温暖。第二，个人的行为习惯原因。他有较严重的洁癖，不愿意让其他人进入他的地盘，而且不断地洗手擦桌子，也不愿意别人碰他的东西。因此，他总是不能在规定时间完成洗漱，也不能很好地融入宿舍。当生活老师或班主任批评他时，他的第一反应是找借口，被推翻后，则用无所谓的语气敷衍。他的问题归根结底还是因为觉得身边没有人保护他，而他内心却很希望受到关注和呵护。

找到原因后，就可以对症下药了。首先，我与他真诚沟通。他自我防御的心理非常强，所以我先是很随意地和他交谈，不提成绩、不谈纪律，只聊一些随意的话题。我多次真诚地与他交流，一点一点地在生活、学习及其他方面给予他引导。慢慢地，我发现他不再抗拒，并且还会在一些特殊的日子主动给我发来问候微信，遇到困难也愿意找我帮忙解决了。其次，家校配合，引导家长理解孩子的真正需要。孩子平时住校，家距离学校也不远，但由于孩子有比较严重的洁癖，再加上内心敏感，渴望家庭温暖，所以我特意约了他父母过来，当面沟通孩子的真正想法与需求。经过交谈，孩子的父母愿意和老师配合，尝试让孩子走读，及时给孩子关心、关注，做好这些重要而又容易被忽视的细节。走读后，孩子的状态明显积极了很多，感觉有了心理上的支撑。最后，激发他的兴趣，发掘潜能，鼓励孩子。孩子其实有很多兴趣爱好，爱读书、爱劳动、爱历史，在班级活动中，他主动报名、积极参与。我及时在班级表扬了他。在学校，老师的鼓励就如甘露一样滋润着孩子的心灵，并使孩子有了强大的驱动力，积极融入班集体。

做了上述工作，他有了明显转变：在性格上，变得更愿意与同学老师交往；在纪律上，能按照学校要求，做好自我管理，受到批评时，反应也温和了很多。在家里，和家长的关系不再那么生疏，遇到不开心的事，也会和老师、同学倾诉，慢慢地，他的情绪稳定了很多，学习也进步了，对生活也有了热情。看到孩子的变化，我由衷地感到欣慰。

岁月在不经意间流逝，我和孩子们的教育故事每天都在发生，这也让我明白了一个真谛：教育的起点，真的要从心开始。我将继续为实现心有花开、岁月生香的教育梦想而努力探索。

育德育心，让学生闪闪发光

王　烁

上学时，我的愿望便是成为一名教师，可以把自己所学的知识教授给学生，让他们感悟人生的酸甜苦辣。2021年研究生毕业之后，我幸运地成为经外大家庭中的一员。从踏入经外的那一刻起，便意味着踏上了艰巨而漫长的"育人之旅"，我和小张的教育故事也开启于2021年初秋。

七年级时期的小张学习习惯不太好，上课捣乱、不专心听讲、爱打岔、影响周围的同学……刚入职的我想着要耐心对待学生，所以只是口头提醒批评小张的行为。可是我高估了自己的耐心，终于我在一次上课中听到他说了句脏话后爆发了。为了不影响讲课进度，我口头进行了批评，并在下课后把他叫到办公室谈话。

"知道为啥叫你来办公室吗？"

"知道，我上课骂人了。"

"原因是什么？"

"×××拿我东西，我让他还我，他不给，我就骂了他。"

"那你知道刚刚是什么场合吗？"

"上课时我确实不应该骂人，我错了。"

"哪怕不是上课，你觉得骂人这件事对吗？"

"不对。"

"我们一起来分析你骂人的原因。坦白来讲，我不止一次在课上和课下听到你说脏话。说脏话很酷吗？"

"可能是我从小看视频的时候，还有和其他小孩玩的时候会说，养成了坏习惯。"

"那既然知道这习惯不好，就一定要改！"

"嗯，老师，我知道了，我尽力去改。"

"孩子，讲脏话和不尊重别人都是一种恶习，不尊重别人就不会得到别人的尊重。你这么积极向上，一定要做一个文明的学生。同时，咱也应该用恰当的话语表达自己的情绪。很生气的时候，你先平静下来，想想能不能用其他话来表达自己生气的情绪，同时想一想说出这句话的后果。"

"好，谢谢老师！"

一学期过去了，小张取得了很大进步：讲脏话的频率逐渐降低，还养成了见到老师就主动打招呼的好习惯。

进入八年级，小张又给了我更多惊喜。一个周末，爸爸妈妈上班不在家，妹妹发烧一直哭。他一个人带 3 岁的妹妹去诊所看病。这让我觉得，小张在学校是一个聪明顽皮的小孩，但是在家他有了男子汉的担当。之后我就从他的这个优点出发，在班上表扬他有很强的责任心与担当。他逐渐有了自信，在学习上也有了出色的表现。上课积极回答问题，紧跟我的讲课节奏，也会及时提出新颖的观点。课下他还会额外做练习题，有不会的题及时到办公室向我求助。就这样，他变成了一个学习上自觉，生活上懂礼貌、知是非的孩子。作为老师，我们要善于发现淘气学生身上的闪光点，用心和学生沟通。像小张这种有灵气的孩子知道老师说的是好的，老师是真心对自己的，就会有好的转变。他只要有了一次朝前的跨越，就是进步。

当然，他现在还是有不足之处。比如，他有傲气，写作业不够踏实。我会写给他富含哲理的话让他思考，如，成熟的稻穗总低垂着脑袋，浩瀚的大海总敞开着胸怀……我相信他能参透其中的道理，并付诸实际行动，让自己变得更加优秀。

每一朵花都有盛开的理由，每一棵草都有泛绿的时候，我们必须用爱去宽容，去呵护！

做温暖学生的那道光

王瑞雪

作为一名教师，我热爱我的学生，秉承着春风化雨育桃李的教育理念，引导学生不断成长。8 年的教学生涯中，我与学生朝夕相处，留下了许多温暖的瞬间，亦成为我人生的宝贵财富。

关爱学生，亦师亦友是我的教育方法。回想我的学生时代，老师对我无微不至的关怀让我感受到了温暖，学习成绩也不断进步。我清晰地记得当时我数学成绩不好，但是数学老师没有放弃我，经常给我鼓励和信心，慢慢地我的成绩有了提升。而今我走上讲台，要继续传递教师的温暖，发现、放大学生的闪光点，鼓励学生，促使学生不断成长。记得一次批改作业，我发现一个字体很潦草的学生近来作业竟然书写很工整，便在课堂上表扬了他，并鼓励他坚持下去，后来他的作业越来越好。有一天无意间看到这孩子的读书笔记，我问他是不是在练书法，近期作业写得工整又漂亮。面对我的表扬，他有些害羞地低下了头，后来他的作业每次都很工整，让我感受到了鼓励的力量。我经常和学生聊天，走近他们的生活，和他们成为朋友，帮助他们更好地成长。看到学生的点滴变化，看到学生的成长，我也会变得很开心，很满足，这就是教育的魅力吧。

鼓励学生、激发学生潜能是我的教学信念。掌声与喝彩是开发学生创造力的催化剂，是打开孩子心灵的钥匙。教师有时候要适当放手，让学生发挥智慧和潜能。上学期期末年级举办讲宪法知识演讲比赛，经过报名选拔，我们班最终确定一名学生进入下一阶段的比赛。当时正处于期末复习阶段，他既要安心复习又要准备演讲比赛，时间紧任务重。在这个关键时刻又迎来端午假期，于是我给他布置了任务，让他趁着假期在家搜集资料，把演讲稿写出来后发给我修改。其实在给他布置完作业后，我并没有放松下来，假期也写了一份演讲稿，以应对突发事件。开学后他拿着自己手写的演讲稿找到我。除了结构和个别知识错误外，稿子整体比较不错。考虑到要准备期末考试，我指导过后说："我来修改吧！"他却说自己先试着修改一下，这一修改就是定稿。他又顶住种种压力，熟练记忆稿子，最终录制的效果很不错。对于他出色的表现，我在全班同学面前进行了表扬，并鼓励大家敢于表现自己。他在课堂上开始举手发言，一次比一次自信。这件事让我思考自己的教学工作。作为教师，我应该充分信任学生，给他们更多的机会，学会放手，充分发挥他们的学习积极性和创造性，助力他们更好地成长。

教育是爱的艺术。有了爱，便有了一切，有了爱，才有教育的先机。作为教师，我们要看到学生的进步，做学生成长中的那道光。

因为相信，所以看见

周园园

故事的开头我记不太清了，印象中只有一个笑容灿烂的女孩在军训间隙朝我跑来："老师，我特别想当英语科代表，请问可以吗？"这一当，便已两年。这个女孩，就是小贾。

教学相长，共同进步

小贾是一个非常活泼、热心且认真负责的女孩儿，由于英语课分小班上课，她每次都会提前到办公室询问上课所要准备的学习用品；上课时她认真听讲，积极回答问题，不怕出错；课下她及时布置好当天的英语作业，并按时整整齐齐地收好作业放在我的办公桌上。关于英语学习，她也会表达她的看法，提供建议，简直就是我的完美小助手，这让刚从教的我如获至宝，省心不少。在日复一日的教学中，我对这个女孩也越来越了解，她的成绩还是不错的，但是我认为她可以变得更好，更加自信。

在副班主任身份的加持下，每周我都要阅读班里学生的生活随笔，了解每个孩子进入初中后的种种变化。小贾写得一手好字，字体如其本人一样清秀。翻阅到她的随笔时，我会被她娟秀的字体和时不时出现的小插画吸引，也正因此，我多了一条深入了解她的途径。她在随笔中提到小学时她曾经无故受到同学们的排挤，导致她有点自卑，这让我看得心疼不已。因为我在初中时也有过类似的经历，深刻明白这对一个孩子伤害有多大。那一刻，我仿佛站在平行世界里，看着当年那个无助的小女孩，满是同情与理解。我决定竭尽所能帮助她走出来，当即便用英文结合自身经历写下一篇鼓励她的文章。自那以后，她变得更加开朗，阳光般的笑容经常出现在她的脸上，一篇篇随笔也变成了我们沟通交流的绝佳机会。后来我知晓了她在学习上的困惑和目标。以英语学科为例，她的听写总是因为一两个单词错误得不了 A+，作文书写很难突破 18 分，她也为此感到苦恼，我便采用鼓励加指导的方式帮她。她也十分认真，总会工工整整地订正；每次上完作文课，她总是第一个跑过来迫不及待地要我改；早读时以洪亮的声音和满满的热情去感染身边的同学……终于，她的英语成绩稳步提升，并在八年级下学期最后一次考试中获得小班第一。真为她开心！

敞开心扉，平等交流

八年级刚开学不久，我便感受到了可怕的"初二"现象。这个时期的孩子身心急剧发展变化，情绪容易激动、暴躁，也具有可塑性、追求独立等特点。对于大部分学生和家长来说，在生活学习上不可避免地会出现一些亲子矛盾，小贾也不例外，只不过她没有像其他同学一样歇斯底里，而是采用一种平和的方法与父亲对抗。我是怎么知道她的烦恼的呢？我曾经告诉孩子们，老师改作业其实是一种师生间的对话，作业本上不仅可以呈现出你认真完成的作业，也可以与老师诉说你的喜怒哀乐，总之，一切想要和老师沟通的话都可以写在作业本上。那次在批改她的作业时，我发现她写给我很长一段话，是关于她和她父亲之间的矛盾，我也很认真地回了她一段话。后来，她的父亲联系我，说他看到了我和孩子的交流，非常感谢我对她的指导。随后我们又谈论了他和孩子之间的问题。其实她的父母都是资深的高中语文教师，我深知自己经验不足，但我可以从不同的角度让家长了解孩子，让孩子理解家长，算是他们之间的一座桥梁吧。后来在一次语文作文中，她将我比作一朵坚定的白蔷薇，让我眼眶湿润。原来我所做的一切她都看在眼里，记在心中，双向奔赴的感觉如此幸福！

因为有爱，所以灿烂

进入八年级下学期以来，小贾的成长可以用八个字来概括，就是"全面发展，扶摇直上"。她比之前更加坚强勇敢，更加认真负责，更加努力勤奋，更加自信大方。

还记得八年级下学期英语演讲比赛前夕，她一遍遍地修改演讲稿，模拟演讲。赛前听到她第一次在班级学生面前演讲，我便为之动容，我深知接近完美的演讲背后是她一次又一次坚持不懈的练习。比赛前，我将她领到办公室，帮她整理汉服，编好发型，并戴上了我的发簪，希望能够为她的演讲增光添彩。她说："老师，您为我做这么多，我都有点紧张了，不过我会努力的！"我跟她说："其实老师不是在意结果和排名，只是想给你一个更加完美的体验，使这场演讲比赛完美无憾。"她是最后一个上场的，我和同学们打趣道："没事儿，咱们分量重。"终于到她了。我看到她在台上意气风发，从容不迫，心中满是骄傲与自豪。最后公布排名时我也挺紧张的，听到她获得一等奖的时候，我激动地跳了起来，这比我自己获奖还要开心。那天，我看到了她的成长与蜕变。后来，我把那个发簪送给她当作礼物。

这便是我与小贾的故事，很平凡，也很简单，是千千万万个师生之间都可能发生的事情。教育就是一场温柔与爱的坚持。因为相信，所以看见。接下来，我依旧会以爱之名去了解每个孩子，相信每个孩子都有好的未来和发展！

谆谆师爱护桃李，教育智慧育栋梁

何超琦

教育家顾明远先生讲，"师生关系是一股巨大的教育力量"。在班级管理中，我始终铭记这句话，并把构建和谐师生关系作为教育的首要工作，以谆谆师爱护满园桃李，以教育智慧育国之栋梁。

心灵相依，以师爱搭建沟通桥梁

八年级下学期，我通过成长记录本和日常观察了解学生的状态，遇到学生状态不佳、心理波动，或者学习压力增大的情况，会及时通过谈话谈心了解学生的心理状态。

全员谈话谈心，搭建师生沟通桥梁。我根据班级花名册制订了个别谈心的日程表，每天课外活动时间和 3 名学生在图书角进行谈话，给学生营造轻松的氛围，以聊天的形式谈学生的学习情况、家庭情况、交友情况等，最后向学生强调"遇到任何问题，随时和何老师讲，何老师和你一起努力解决问题"。通过全员谈话谈心，我与班级学生拉近了距离。

我对不能快速适应准毕业班学生身份、学习习惯有待改善、学习基础比较薄弱的学生进行跟踪关注，采取多种形式给予关心和帮助。班里的小普同学是一个性格内向的女生。她学习基础比较薄弱，学习信心受挫，但字写得很工整。我就抓住这一点多次表扬，强化她的自信心。在她生日当天，我写了一张便签夹在她的课本中，祝她生日快乐。后来她在成长记录本中郑重记录了这件事。一个学期下来，小普同学渐渐适应了准毕业班学生身份，成绩也在不断进步。

严慈相济，以规则培育"四有"新人

教育家赞科夫说："不能把教师对儿童的爱，仅仅设想为用慈祥的、关注的态度对待他们。"在班级管理中，我以校规校纪和班级公约严格要求学生。我通过班会组织学生学习校规、班级公约，为学生树立规则意识，教育学生敬畏规则、遵守规则，违反规则要为自己的行为负责。

严格落实学校管理规定。对违反学校规定的现象严肃处理，力争做到"一人犯错，全班学习，同样错误不在班级出现第二次"。班里的小马同学，家境优渥，不能很好地适应寄宿生活，屡屡违反宿舍管理规定，按照规定需停宿一周。接到生活部通知，我和小马同学的家长沟通，家长希望能"法外留情"，暂不停宿。我的意见是：宿舍有管理规定，违反规定就需要对自己的行为负责，借此机会认真反思前期存在的问题，调整好状态，这次停宿未尝不是件好事。小马同学和家长表示理解。停宿一周返校后，小马同学的表现有了明显好转，也得到了生活老师的肯定。

家校共育，以合作护航学生成长

教育家苏霍姆林斯基说："没有家庭教育的学校教育和没有学校教育的家庭教育，都不可能完成培养人这样一个极其细微的任务。"在德育工作中，我始终注重家校合作，家校共育，促进学生成长。

动员家长参与班级活动，营造家校一体的育人氛围，构建和谐的师生关系。组织班级活动过程中，动员家长参与其中，给学生以自豪感、参与感。参加年级组织的微剧场活动时，班级节目需要租借服装，小李同学主动要求"让我爸爸借，他有朋友做服装租赁生意"。我顺势请他爸爸帮班级租借服装，并向他表示感谢。小李同学在这过程中，获得了满满的参与感。

注重正向反馈，以密切的家校关系促进和谐师生关系发展。在家校沟通过程中，我注重反馈学生的进步和闪光点，赢得家长支持，密切家校关系，营造了和谐师生关系。小任同学学习基础比较薄弱，但有较强的管理能力，我便让他担任班干部，使他的管理能力得到充分发挥。在和小任同学父亲沟通时，我反馈其作为班干部的突出表现，得到了家长的支持。小段同学学习基础薄弱，不适应中学生活，经常借口身体不适请假。我给小段同学制订适合他的相对低难度的学习任务，在其完成后给予鼓励，并适时将他在学校的进步反馈给家长，家长在家中强化，家校形成合力。一学期下来，小段同学基本能适应中学生活，师生关系也更加和谐。

教育学就是关系学，和谐的师生关系是教育的基础。在接下来的工作中，我将秉承"奉献、智慧、陪伴"的教风，以师爱为引领，构建和谐师生关系，护航学生成长发展。

用心培育，守望花开

范晓歌

说起我和学生的教育故事，浮现在脑海中的全是学生们可亲可爱的脸庞。有成绩优异能带动班级形成良好学习氛围的，有认真负责能协助老师完成班级日常管理工作的，有调皮捣蛋却也能在集体活动中一展风采的，有默默无闻却努力学习永不言弃的……而我最想记录的是一个毫不起眼却在一直在进步的男孩——闫同学。

他哭了

刚入班时，大家对闫同学印象并不深刻。他没有什么突出的表现，坐在最后一排角落里，偶尔会和班里几个调皮的男生斗嘴打闹。一次晚自习前我找他聊天，还没闲聊几句，他却情绪激动地哭了起来，这有些出乎我的意料。他边哭边说，从断断续续和有些混乱的语言中，我了解到他对自己所就读的小学和以前自己所在的班级、身边的同学都很不满意，而这种不满更多的是和现在的新环境对比而来的。我终于明白他是对现在的学校、班级、老师和同学都很喜欢，而这种差距也带给他很大的压力。这次聊天让我很欣慰，因为我知道他是一个想要进步的孩子，他这朵花会晚一些绽放，而我要做的是更加用心地培育。

他怒了

下课铃声刚落，体育委员就上气不接下气地跑上楼跟我说，闫同学和其他两名男生在体育课上打起来了。了解了事情的经过才知道，他是在和同学抢球的过程中发生了冲突。以往的单方说教对他来讲已不起作用，况且这次他觉得自己受到了莫大的委屈，课间给家长打电话哭诉了一番。我借助这次机会，也和家长深度沟通。在听了班委和现场同学的描述后，原本愤愤不平想要给孩子讨个说法的家长渐渐平复了心情，开始教导孩子。而出人意料的是，孩子情绪反而更加激动，边哭边吼是自己错了，对方没有错……

安抚好闫同学的情绪后，我和家长进行了单独沟通。

我了解到，孩子在家没有做过任何家务，冲撞父母长辈的事情时有发生。家长无原则的宠爱导致孩子没有养成良好的生活和学习习惯，缺乏解决问题的能力，在集体生活环境中表现得更为明显，所以孩子在遇到问题时会说一些过激的话语，做出一些过激的行为，这其实是一种无助的表现。要想改变这一现状，还需要家长和孩子共同努力。很庆幸，在这次家校沟通中，我和家长达成了共识：相信孩子，并且要学会放手，鼓励孩子完成他应该完成的，虽然过程会有些艰难和漫长，但我们一定要坚持下去。

他笑了

返校时，我看到闫同学干净的白色鞋子，不禁为他竖起了大拇指。他不好意思地笑了，这是他第一次自己刷鞋子。

课堂上，他紧跟老师思路，主动回答问题。第一次在班里被公开表扬，他脸上洋溢着自信的微笑。

晚饭后，在校园中偶遇闫同学，他正和一名之前发生过冲突的同学相谈甚欢，看到老师后，不再像以往一样低头躲开，而是主动微笑问好。

又到了周日返校时间，当晚查寝时，我明显感受到他心情不太好。

马上要熄灯就寝了，我想等明天再说吧。

第二天上午课间，他主动找到我说明这次返校心情不好的原因。原来是周末在家父母因为他学习的问题发生了争执，看似不在意的他却把父母吵架时说的话记在了心里。他很爱这个家，不想让家里发生不愉快的事情。

我在担心他的同时也感到很欣慰，我把我的感受编辑成一条微信发给了他妈妈。他妈妈收到信息后先是回复了周末的事情，随即又打来电话表示感谢，她也没想到孩子竟然会给老师说心里话，会如此信任和亲近老师。我能够感受到她激动的心情和发自内心的感激。那一刻，我更觉得长期以来的理解、包容、陪伴、鼓励都是值得的。通过这次沟通，我们再次达成共识：关注孩子的内心感受，学会管理情绪，全力冲刺地理、生物的中招考试！

期末备考阶段，我看到了一个惜时勤学的少年，很难想象他竟然是七年级刚入学时那个胆怯迷茫的男孩。是的，他一直在努力成长！

终于等到了中招成绩查询的时间，他把地理、生物成绩第一时间发给了我，并发送了一个大大的笑脸。我听到了花儿绽放的声音……

曾经看到这样一段话：每个孩子都是种子，只不过每个人的花期不同。我喜欢把教师比作园丁的说法，园丁应有洞察力，懂得培育、懂得欣赏和守望，引领每一颗种子在土壤中生长。教育是一项神圣的事业，需要我们用心培育，守望花开！

一路生叶，向阳成长

李春红

阳光下，绿萝的叶子碧绿碧绿的，像一颗颗绿色的小爱心，还像一滴滴绿色的小水滴，更像小孩子合拢的手掌……

摆烂：生活失去色彩

我和小西的第一次见面，是七年级新生入学的第一天。在军训的队伍中，我看一眼便记住了这个水灵灵的姑娘，她那双明亮的眼睛令人难忘。但是军训第二天她便产生明显的抵触情绪，显露出抱怨和玩世不恭的心态，我当时感觉她可能比较早熟。

9月下旬，大部分同学的学习状态步入正轨，而小西在英语课堂中因没有完成作业顶撞老师，甚至当着全班同学的面说："学习有什么用？让我背诵英语干什么？又用不到。我来学校就是摆烂的。"这些话把她消极、懈怠、躺平的心态表达得淋漓尽致，也给班级的学习氛围带来了消极影响。

鼓励：播下向阳花种

鉴于她的表现，我主动和家长联系，从家长那里得知她比较叛逆，内心很敏感，极度缺乏安全感。我和家长商量一致先给予鼓励，走进孩子内心，了解孩子最真实的想法。我想，善于观察和了解学生，触摸到学生感情的脉搏，以同理心和学生共情时，她才能改变自我，收获成长。

有一次自修课上，我发现小西好像在专注地写什么东西，走近一看，她正在画画。我并没有责备她，而是赞扬她画的线条比较美，夸她有很深厚的美术功底。她好奇地问道："老师，您怎么知道的？"我说："我在你交的中秋节手抄报上发现的，特别精致，可以看出你特别用心，以后咱们班的黑板报就由你设计了。"她很开心地答应了，瞬间放下了戒备。接着我问她进入初中之后学习状态如何。她一下子领悟到我的意思了，连忙说道："我要给英语老师道歉，是我做得不对！"我问为什么会有这样的心态，她说："身边同学都很优秀，我怎么追都追不上，和别人的差距太大了，有些想要自暴自弃。"了解孩子的心境后，我便给她讲了之前所带的一位学长从学困生蜕变成学优生的详细过程。她深受鼓舞，慢慢放开了自己，试着融入集体。

等待：慢下来，成长悄无声息

布置班级文化角时，多出了几盆绿萝，我让大家自愿认领。小西第一个举手："老师我能认领两盆吗？"我欣慰地说："当然可以啊！"

往后的一段时间里，每周日下午返校小西都会最早到教室，给绿萝浇水，看到我总会甜甜地叫一声："李老师好。"有时还会帮我把水杯里的水装满，这些小小的举动，让我的内心很是感动。

教育从来就不是一蹴而就的，它是慢的艺术。我们所需要做的并不是急功近利地影响甚至改变孩子，而是在日常点滴中，去交流、去引导、去浸润、去等待，让孩子在潜意识中慢慢认同、接受，最终改变。

守望：遇见更好的自己

学期中段的班会上有一段文字需要朗诵，小西自告奋勇："我来吧，老师。"她走向讲台，声情并茂地朗诵起来。教室里响起了热烈的掌声。小西甜甜地笑了。

看着小西一路成长，我颇感欣慰。课上她积极发言，课后她幸福玩耍……成绩在学期末有了很大的进步。用她妈妈的话说，就是在老师的关爱下，做到了超越自己，走过了那段"摆烂"时光。

又是一年开学季，早上我提前进班准备布置教室，发现几滴水珠从绿萝的叶子上滑下来，在清晨阳光的照耀下，那露珠像宝石一般闪烁着，叶子也好像闪着光，显得格外郁郁葱葱。扭头一看，小西同学手里端着浇好水的绿萝，笑嘻嘻地说道："老师，这绿萝美吧！"那一刻，我心底涌出无限温暖，我似乎触摸到了孩子天真的幸福模样！

心守一抹暖阳，静待一朵花开

席　林

每一朵花都有花期，绽放的时间或早或晚。心怀期待，守望一朵朵花盛开，是我作为一名班主任、一名园丁独有的幸福。

永葆期待，坚信花开

2020 年 8 月，我和 2020 级的学生一样作为新人来到经外，做好了应对各种学生的心理准备。果然，军训期间，小一同学就让我见识到了他的与众不同。

军训没两天，小一就喊着头晕，还时不时发出痛苦的呻吟。看到他这样，我试图跟他讲一些励志的道理，但是并没有什么作用，第二天他又腿疼了。然而，在无人的角落，他健步如飞，生龙活虎。因为他，我在七年级第一个月多了许多烦恼。我看他是打算军训"摸鱼"到底了，便跟家长沟通。家长很配合也很积极，但是他仍无动于衷。一时间，在满是迷彩服的校园里，多了一个一瘸一拐还头晕恶心的男孩，不少领导询问我他的情况，他成了"小红人"。

军训结束，正式上课了，小一不想住校，非要走读。于是，在开学的一个月里，小一会在课堂上、宿舍里或者其他地方随时随地恶心想吐。家长带着他看了西医看中医，连心理医生都看了，最后得出一个结论：不住校就好了。说实话，当时我比较年轻，在没有了解小一的家庭背景情况下就怀疑他在装，现在看来真的是有些先入为主了。小一从小生活在一个家庭氛围特别好的家庭，四世同堂，他和祖父祖母曾祖父曾祖母一起生活，可谓是在各种爱的包围下成长起来的，现在突然住校，离开了家庭的温暖，也的确是不适应，后来学校破例给小一办了走读手续。

花色不同，守望花开

小一在办理走读手续后没有了身体上的各种不适，但是作为青少年该有的独立、担当、勇敢和适应能力还需要培养。我与家长达成一致，要着重在这些方面对他进行培养和锻炼。第一轮班委竞选，他没有参加，还是喜欢当一个"小透明"，没有主动意识，对母亲的依赖性也较强。渐渐地，我得知他喜欢摸索电子产品，PPT制作较好，在班里的各项活动中，我经常让他负责PPT演示，处理班里屏幕的问题。小一越来越自信，也越来越喜欢参与班级活动。第二轮班委竞聘时，他主动竞聘了政治科代表一职，而且在后来的表现中获得老师和同学们的一致好评。

青春绽放，见证花开

我曾认为小一的原生家庭对他过于溺爱，导致他无法适应新的环境。在和小一家长沟通时，我总是劝导他们多锻炼其独立性，但是走读后小一的变化让我意识到之前的偏见。本以为走读后小一在家里容易放松学习且家长溺爱监督不到位，相反，小一非但没有像我担心的那样骄纵，反而在充满爱的家庭里幸福踏实地沉浸在学习中，成绩稳稳进步，到了九年级跃至班级前五名。

这给我上了一课。凡事各有利弊，家庭关怀多的孩子虽然成熟晚一点，但有爱包围，孩子更能一心一意朝着自己的目标奋进，反而塑造了其更好的性格。

三年的时光其实也挺长，千万不要对学生贴标签，对每个学生都要充满期待。守望花开的过程不容易，相信每个学生花期不同，陪孩子走一程，参与并见证学生和我们共同成长，这不就是我们作为老师的独特幸福吗？

付出真情，享受幸福

陈　冰

时光荏苒，转眼间半个学期过去了，有很多甘甜，有许多心酸，但是回顾过去我依然是快乐的，满足的；展望未来，我更是充满了信心，因为我知道七（6）班的孩子们在不断进步，不断完善自己。盘点过往，此刻我想细数"严、爱、细、学"这四个字。

首先是"严"。对学生的严格要求，就是对学生最大的尊重。俗话说"严是爱，宠是害"，治理班级，一方面要"严己"，一方面要"严纪"。但是，严不等于严酷、苛刻，要严而有爱，严爱并济。为此在七年级开学初，我结合校规，在征得全体同学意见的基础上，针对班级情况制定了一套班规，并在墙上张贴，课堂纪律、早晚自习、作业收取、卫生、早操等各个方面都有相关的规定和检查人员。每天我进班的第一件事就是看班级日志，了解班级情况，有问题及时处理。在这个过程中，我通过观察了解，初步培养了6班的第一届班干部。

第二个字是"爱"。苏联教育学家马卡连柯曾经说过："爱是无声的语言，也是最有效的催化剂。"教师对学生的关爱，胜过千次万次的说教。

七（6）班是一个充满爱、有温度的集体。良好的班级文化建设对班级建设和学生个性的发展都很重要。优化班级的物质文化环境是前提，我们细心布置营造，让墙壁会"说话"，充分享用资源。携手科任老师，共建愉快和谐集体。而无私奉献、友爱和团结的家长们是我最坚强的后盾，是我前进最大的动力。进入 11 月，我们班尝试了家庭管理的新方式，就是利用周末，家长和孩子们一起召开一次家庭会议，探讨近期出现的问题，找出解决策略。孩子的成长是一个不断自我反省、不断纠错的过程，家庭会议是一个不错的尝试。

第三个字是"细"。抓在细微处，落在实效中。这就要求我心细、眼细、脚勤、眼勤、嘴勤，对待班级工作细致入微。这一点我很惭愧，因为英语课分小班的缘故，我只教一个班的学生，却又担任班主任，我无法通过上课去了解学生，只能利用课下去多转，去发现。我信奉一个管理理念——管理是"盯"出来的。"盯班"要把握住三个"关键"：（1）盯班要盯关键时间。一天中，学生自主学习的时间往往是最容易出现波动的关键时间，也就是早自习、下午唱歌前的时间、晚上看《新闻联播》的时间，还有每节课的候课时间。（2）盯班要盯关键学生。这些关键学生主要有两类：一类是中等生；一类是问题学生和后进生。抓好中等生，我们班的成绩就得到保证；抓好问题学生和后进生，营造好的班级氛围，班级秩序就得到了保障。（3）盯班要盯关键事。凡是影响班级秩序，产生不好影响的现象，我一定会重点盯。例如偷带电话手表的、有早恋倾向的、看言情武打悬疑小说的、对某个老师有偏见的等等，这些现象我会提前设防，出现之后立即解决。

完善班级管理体制，培养学生自主精神和自我管理能力。作为班级管理者，要有一双敏锐的眼睛，抓住小的苗头以预防问题的发生，并对这些小的苗头进行洞察、思考和处理，从而维护班级正常运转，使班级事务人人做。首先要明确班委职责，让班委各司其职，无缝隙管理。班规定得越有操作性，就越能发挥班干部的作用。比如，日常值日、教室大扫除责任到人；电灯、门窗的开关有专人负责；教室墙壁和黑板报有专人管理，甚至每天的自习课有固定的班干部值日。可能初期要花一定时间，但是后期会享受到益处。记得有一次周五放学，大家都急着回家，结果教室打扫不彻底或者根本没有打扫。我认真反思，发现问题出在"吃大锅饭"，同学之间互相推诿。我的做法是：具体分工。哪个地方出问题，就从哪里下手抓。小组长就是我的化身，是我的左膀右臂。班长能管理的事我就不插手，组长能管理的事班长就不插手。相信学生能自主管理，大胆让学生自主管理，通过事实证明是完全可行的。这样一来他们的自信心更充足，能力也日益提升。另外，小组评价很重要，评价内容来自不同方面，比如小组内各成员的宿舍内务、卫生、寝室的纪律，小组所属区域卫生的保持，自习和课堂表现，考试，学校和班级活动，等等，经量化后划归到各小组，形成各小组积分。每周一小评，每月一大评，每半学期一总评，这样就能把各小组以积分多少的形式排出名次。

最后一个字是"学"。不断更新知识，提高技能，及时丰富和发展自己；积极参加各类培训，学习新的教学方法，从理论上、实践中、同行中、自我反思中提高自己。

路曼曼其修远兮，吾将上下而求索。在今后的工作中，我会继续在班级管理中求实、求细、求新，不断学习，踏踏实实地研究班级管理中存在的问题，以具体可行的方法去解决、改进，从而使班级管理更科学、更合理，使学生全面、健康地发展。

一个乐团孩子的成长历程

李荣家

郑州经开区外国语学校交响乐团成立于 2022 年 8 月。作为乐团的负责老师，我见证了乐团孩子们一年来的成长历程。36 个孩子，吹拉弹唱，各有所长。他们如同一串跳跃的音符，演奏着一首没有结尾的旋律……

团里负责打击乐的男孩小余一年来的成长让我感触深刻。这个孩子的成长更是乐团全体孩子成长的一个缩影。

乐团成立后，随着训练和演出活动的开展，他的许多不好的习惯逐渐表现出来。首先，他最大的问题就是经常找不到鼓槌。合排马上要开始了，他一脸茫然地走到我跟前："老师，我的鼓槌找不到了！"有一次演出彩排，需要提前把乐器搬过去，我特意提醒他把要用到的鼓槌都带好，可是在彩排即将开始的时候，他却说少带了一个鼓槌。我又好气又好笑，说："我要是孙悟空就好了，那样的话我就可以拽一根头发，变一个鼓槌出来。"课间，他的鼓槌也会被其他孩子拿着玩。

其次，他的乐谱也经常丢。我把印好的分谱发给他，他用完之后便随手留在谱架上，一不小心掉在地上，要么踩脏了，要么踩烂了，要么直接"失踪"。演奏的作品多了，分谱也多了，学了新的，旧的就找不到了。别的同学都有一个专门的谱夹，他要么不用，要么就是经常找不到。

还有，每次乐团外出彩排演出的时候都需要搬运各种打击乐器。定音鼓是比较贵重的乐器，怎么搬运怎么摆放，别人都不太懂，需要他在旁边看着指导着才行。但是他经常不操心，每次都把我急得不行。

虽然小余在个人习惯和责任意识上存在不足，但处处留意，我也发现了他身上的不少优点。他很聪明，专业能力好，乐谱、演奏的技巧和方法，特别是在与乐团的演奏配合上，他总能做到头脑清醒，从容镇定。

在一次排练后，我把他叫到办公室，倒了一杯水递给他，示意他坐下聊一聊。在谈话中，我了解了他的一些兴趣爱好和学习情况，对他给予了肯定和欣赏。我告诉他："要学好音乐，除了需要一定的天赋，还必须得勤学苦练，持之以恒。你的打击乐演奏特别重要，少一个小提琴、大提琴或者长笛、小号什么的，乐团还可以演奏，但是定音鼓只有一个人演奏，如果缺少打击乐，音乐作品就少了一个声部。而且，打击乐在作品中的特殊表现力是无可替代的。如果因为弄丢一个小小的鼓槌或者一张乐谱而没法演奏，那就实在太遗憾了。"谈话中，他的眼睛亮了又亮。我拿出提前准备好的手提袋递给他："这个手提袋还比较结实，送给你，以后就把要用到的鼓槌和乐谱装在里边，随身携带，不要让他人拿走玩了。还有，这套打击乐器，以后就交给你保管，别人不会搬运摆放，你说怎么安排就怎么安排，我相信你！"他轻轻接过手提袋，没有说话。从他的眼神里，我看到了由衷的感谢和肯定的回答。

每次排练很精彩很成功的时候，我都会找机会夸夸打击乐很给力，从他的表情中我看到了他的骄傲和自信。后来，我就经常看到他手提小布袋，带过来再带回去，再也没丢过鼓槌。有几次在搬运定音鼓的时候，我故意问问他这样或那样搬是否安全，需要几个鼓，怎么摆放合适。他跑前跑后叮嘱别人要小心，千万不能磕着碰着，自己还带着头搬运。看到他的变化，我无比欣慰。

乐团其他同学身上也不同程度地出现过类似小余同学的情况。丢乐谱或者忘带现象最多，节拍器找不着了，铅笔丢了，演出服忘家里了，等等。我对这类事情进行了认真总结和思考，这些孩子毕竟是刚刚进入中学，自理能力和习惯养成还需要一个过程。乐团刚刚成立，孩子们互帮互助的意识需要不断加强。另外，我有责任对他们进行具体的指导和教育，培养他们的责任意识和良好习惯。

我抓住小余同学的转变当范例，让孩子们逐渐养成严谨认真的习惯。到第二学期，孩子们便有了明显的变化，不少学生也都准备了一个手提袋，装着随身物品来排练和演出。

小余同学的成长让我明白，作为一个乐团管理者，作为一名老师，一定要有爱心、耐心、信心、细心，并持之以恒。这些孩子毕竟刚刚进入一个陌生的环境，他们需要老师的引导、指正和陪伴。我相信，我会与这群孩子一起努力，用爱与坚持，用信任与力量，共同演奏一首成长交响曲。

用灵魂唤醒灵魂

黄　松

　　第一次关注到他，是军训的第一天，并不是因为他站姿标准、步履铿锵、口号响亮，而是在餐厅吃饭的时候。因为天气炎热、高强度的训练，大多数孩子都吃不下饭，我和教官一遍遍鼓励："吃了才有劲训练。"他们不反驳，但也不顺从，只有他不停地吃，咀嚼、吞咽，直至吃完了餐盘里的最后一粒米。我夸他真棒。他腼腆地笑："老师，我也吃不下，不愿吃，但您让吃……"多听话的孩子！这是他给我的第一印象——乖巧听话。

　　后来，我慢慢察觉这个孩子似乎比别人慢了半拍。

　　首先表现在生活上。一阵急促的起床铃响起，别的孩子飞快爬起来，迅速穿衣、叠被、洗漱，然后冲到操场，开启一天的生活。他慢吞吞的，一副没睡醒的样子，反反复复地将被子叠上好几遍，最终还是潦草结束，窝成一团，床单也有褶皱，为此宿管阿姨没少说他。他总是一脸委屈："我尽力了呀。"午休和晚休也同样慢。当我查寝的时候，别的孩子都端坐在书桌前开始午读和晚读，他要么是"吭吭哧哧"刚刚回来，要么忙着松鞋带换拖鞋，或者是扭着头做沉思状，究竟在看什么或看向哪里，似乎他自己也不能确定。"看看，看看，又是你……"宿管阿姨也是恨铁不成钢的语气。

等他终于安静下来，摊开一本书，休息铃声响起，他们爬上床睡觉。对他来讲似乎每个过程都经历了，但每个过程仅仅是走个过场。

学习上也慢了些。他总是在别人已"唰唰唰"地开始记笔记之后才开始，他接受信息很像是网课中声音的延迟，几秒钟之后才能传进他的耳朵，接受之后方才意识到问题的重要性。他背书的节奏也慢。早读时，我一再强调大声朗读，他总是悄无声息，任凭你从他身边走过狠狠地看上两眼。他并不是完全无动于衷，只翕动一下嘴唇，并没有声音发出。

他成绩不好，在第一次月考中就表现了出来。我把他喊出来，询问情况，他只是笑，忽闪忽闪的一双眼睛，想要躲闪，但又无处可逃。有那么一瞬间，我对这个小小的人儿心生怜悯。这样一个孩子，给了我美好的第一印象的孩子，我时时关注着他，希望听话的他能够有所改变。

都说字如其人，可他却是例外。他的字与他外表的灵秀极不相称，个儿大，完全不受方格的约束，像涧边无人打理的草，兀自长成张牙舞爪的模样。读他的作文很费劲，光内容就需要分辨半天，读的兴致还没生出便消失殆尽。

这个孩子一度让我头痛，你有千条计，他有老主意，他依然按着自己的节奏生长，但有一种爱好却在他心头潜滋暗长。

刚入学时，我让每个孩子坚持每周写一篇博文，期待着每周的精华博文展读，我更是坚持写博文，有时也会在班上分享。但整个七年级，他并未因写出一篇精华博文而被关注。

可是，他像我一样不停地写，别人写一篇，他写两篇。他走进我的博客空间，给我留言，我也会光顾他的园地，认真读完他的博文，并留下真诚的赞美和诚恳的意见。他写得自成一派，不像这些同龄孩子的语言，所关注的点、所抒发的情，带给读者的思考也不同于同龄人，他甚至有超出他年龄段的认知。

博客大赛期间，他甚至不满足于一周两篇博文的限制，要组建团队了。他的作品越来越多地被评为精华，班里的孩子开始对他刮目相看，我甚至发现别班的孩子在评论区都称他为"大佬"。每每与他的家人谈及，他父亲不无感慨地说："这都是受您的影响。"我也很自豪，更加努力去写一些自以为很美的文字。那次比赛，他获得了"县区少年之星"的称号，我获得了"县区博客之星"和"优秀辅导教师"的称号。

他找到了自信。那个期末，班级举行表彰大会，要给获奖的同学或团队写颁奖辞。他主动承担这个任务，字斟句酌，写得文采飞扬。体艺节上，我们班昂首阔步走向主席台，主持人热情洋溢地介绍着我们，我看到他脸上泛出幸福的红晕，这稿子是他提供的。他的考场作文仍没有得过高分，曾有一次他一挥而就之后向同学夸下海口："这次作文要不满分我就不写了。"可仍没满分。事后，我偷偷地看了他的答题卡，确实很棒，如果不是卷面，给满分也无可厚非。后来他依旧在写……

人的一生，如同一棵幼苗成长为参天大树，是一个漫长的过程，需要细心的照顾、耐心的等待。谁敢说多年之后他在写作上没有建树呢？

慢慢地我也明白：教育的过程，说教可能是收效甚微的，我们需要用自己的言行去影响，用一颗真心去触动对方的灵魂，让自己成为对方精神上的榜样，才能让枝头挂满累累硕果。

特别的他

田真真

岁月如流。印象中刚送走经外第一届学子，就迎来了第二届学生的挥手告别。虽然是中途接班，但是回望这一学年，尽管紧张忙碌，有些疲惫，但总体来说是愉悦的，是欣慰的。

3A班同学整体上课纪律与听课习惯都比较好，虽然上课很"冷"静，但是从他们的眼神中，我看得出来他们都在认真听讲，积极思考。课后的作业基本每次都能交齐，偶尔也会有那么两三个学生忘交作业的情况。这里面就有不苟言笑的小 H 同学，提醒后，他依然没有交，我感到很纳闷。

恰巧课间他来办公室，我顺便问道："小 H，怎么还没交作业呢？"没想到，他理直气壮地回答道："老师，我觉得积累本根本没什么用，为什么要写呢？"

我感到震惊，连忙解释道："怎么会没有用呢？语言就是需要积累的呀！"

"反正摘抄下来，考试也用不上。净浪费时间！"他振振有词。

"那你能告诉我你是如何备考作文的吗？"我反问。

"我就翻作文书啊，上面有些句子可以用上。"他不服气地说。

"好记性不如烂笔头。你不去写下来，怎么记啊？"我疑惑地问。

他伸出右手食指，突然指了指太阳穴，面红耳赤地回答："记在这儿啊！"看他一意孤行、倔强争执的样子，我有点生气。正好上课铃响，我就让他先回教室了。

当天，我及时向班主任王老师了解这个孩子。班主任说，他是班级里年龄最小的孩子，性格比较"拧"，但是也很聪明，是中考状元的"种子"选手，并热心地表示，她来跟孩子沟通此事。第二天，王老师就告诉我原因：小H不知道怎么使用积累本。

了解了他的症结所在，于是我第二天有意展示积累本优秀作业以及优秀作文，让他看看别的同学是如何积累的，又是如何迁移运用到作文中的。并且，据我的观察，他一直在自主学习，经常翻阅英语作文书。"既然他自己知道学习，而且作文几乎篇篇都是佳作，说明他的学习能力很强，那我为什么一定要强迫他使用我的方法呢？"我反问自己。或许像他这样的聪明孩子，勤翻勤看，也能有不错的效果。于是，我没有再坚持用常规的方法要求他，但是每次批改他的作文都十分留意，针对他重课外、轻课本的问题，我推送给他教材重点句子以及重点句型，强化课本知识。看到他经常翻阅的记录，我感到很欣慰。

然而过了大约两周，搭班老师赵老师跟我说了一件小事。课间，小H问了她一道英语题。她笑道："你怎么不去问田老师啊？"这时候，旁边的学生大声说："老师，你不知道吗？他跟田老师吵架了，他不敢去问了。"学生使用"吵架了"这三个字，让我感到既可笑又诧异。可笑的是，一件小事在孩子们口中被传得这么夸张；诧异的是，原来他一直记着那件事情啊。没想到，再桀骜不驯的学生其实也很在乎与老师沟通的点点滴滴，我们的一言一行都会影响到孩子在学校里的情绪。

于是，当天下午课间，我主动找到小 H，跟他说："没想到上次的争论影响你这么久，赵老师都跟我说了。以后呢，你可以继续使用你的方法。如果觉得不好用，也可以尝试下老师说的方法，条条大路通罗马嘛。老师希望你放下情绪的包袱，轻松学习，不要想那么多，有问题随时可以问我，咱们争取中考英语拿满分！"小 H 真诚地用力点点头，双唇一抿，灿烂地笑了，开心地对我说："谢谢老师！"这也是我第一次见到他笑。后来，中考成绩出来，小 H 的作文拿了高分！

通过这件事情，我意识到两点：要因材施教，精准辅导，要搞清楚目的与途径的区别，尤其对于有自主学习能力的学生，更要结合实际情况，不能"马不喝水强按头"。更重要的是，与学生沟通的时候，要有耐心，多站在学生的角度考虑问题，聚焦问题，分析原因，沟通后更要关注学生的情绪，及时化解困扰学生的心结，助力学生学习、成长，构建更加和谐的师生关系！

做有温度的教育者

李书娜

　　没有一朵鲜花不美丽，没有一个孩子不可爱。每个孩子都是一本需仔细阅读的书，是一朵需要耐心浇灌的花，是一支需要点燃的火把。如果孩子生活在批评中，他就学会了谴责；生活在鼓励中，他就学会了自信；生活在认可中，他就学会了自爱。

　　来到新的学校，半道接班，不知会遇见什么样的学生，我心中难免有些忐忑。幸运的是，我很快与学生熟悉起来，相处还算融洽。A 班学生沉着稳重，B 班学生活泼开朗。

　　随着对学生们了解的深入，B 班的方同学慢慢引起了我的注意。我和他之间，颇有点儿"不打不相识"的意思。方同学是一个活泼开朗的大男孩，心智略显幼稚，遇事容易激动，做事比较情绪化；自律性不强，行为习惯欠佳，课堂上与小伙伴互动频繁，干扰课堂秩序，而此时若老师当着全班同学的面提醒他或者批评他，他就立马像"斗鸡"一样一口否定，"我没说话""我怎么了"这样的话脱口就出，一开始着实让我火冒三丈、头皮发麻，于是有了两次师生课堂对峙的场面，班级影响也很不好。

　　局面必须改变！于是我找到一个合适的机会，在班里开了个短会。我首先表达了自己希望和同学们坦诚交流，真心希望把他们带好的愿望。我说："师生之间本来应该是一条战线上的战士，是同盟，是伙伴，而非对手，更非敌人！"我看得出来，同学们还是十分理解和认同我的初心的。接着我半开玩笑地向他们示弱："老师也是人，你们这样子和老师顶撞，我内心很受伤，你们不要'语言暴力'我呀，老师的内心也很脆弱的！"我努力让学生们尝试站在老师的角度考虑问题，照顾老师的情绪，争取大部分学生的支持。同时通过这件事，我也意识到在和学生相处的过程中要做到：

1. 尊重学生，平等对待每一位学生。接受孩子们的差异和不完美，不在课堂上向学生抱怨，有问题说问题，对事不对人；对于学生的违纪行为理性对待，并给予他们改过的机会；不论是批评还是表扬，都要反复向学生表明一个观点：我爱你们，我不在乎你们的过去，但非常重视你们的将来。希望我们互相信任，共同努力，一起向未来。

2. 营造融洽的师生关系。关系是教育发生的前提，和谐融洽的师生关系在教学过程中发挥着特殊而奇妙的作用。它如一根彩带拉近了师生心灵的距离，使学生的学习动机由单纯的认知需要上升为情感需要。亲其师，信其道。给学生多一些理解，多一些关心，多一些宽容，与学生建立起良好的关系，才能产生融洽的氛围，学生也会因为喜欢老师而愿意跟着老师的节奏学习。

3. 教育在细节处、在相伴的生活中。对不同性格特点的学生，沟通的方式要有区别：对自尊心强的学生，要多从正面引导，心平气和，举事实摆道理；对性格大大咧咧的学生，可适当调侃，获得孩子的心理认可，促其养成细心的习惯；对屡次违纪、满不在乎的学生，可先来点狂风暴雨，给他心灵深处的震撼，再和风细雨伸开双臂接纳，将其拉回我们身边，给予理解和期待。比如在教室拍拍其肩膀，给予一句鼓励的话，一个信任的微笑；在路上遇到，适时询问一下，让他感受到老师的关心。学生的恐惧也会慢慢消失，转变为对老师的亲近和信任。

教学过程中表扬要有力度，惩罚要有温度，要用欣赏的眼光看待学生的优点，让他们有充足的自信；用发展的眼光看待学生的缺点，让他们获得足够的成长空间；用关爱、信任、包容对待学生，使他们健康快乐地成长。多给孩子们一些微笑，我们也将收获一份幸福。

教育是一场"愈见"

关　峥

作为一名年轻的科任教师，在学校构建的"一生一师"德育体系第一期活动中，我有幸被评为优秀导师，这使我对自己的德育工作有了一定的信心，也使我逐渐认识到，科任教师在德育工作中，虽曰配角，实则也是主角，不仅要做好教学工作，更要以良好的形象诠释师德的内涵。

第二期我指导的学生是3班的小华同学，可是，我并不教他文化课，对他不够了解，这让我犯了难。不过我很快就调整好了心态。我认为对学生的了解应该是全方面多角度的，不仅仅局限在课堂上；与学生的谈话不必拘泥于几次或固定的时间，发现学生有问题或有进步，就可以随时进行。

小华同学的两次心理健康测试结果都是红色预警，但是从日常生活中看并不觉得有什么问题。然而，真正关注这个孩子之后，我发现了一些细微的问题。有一次上课时，我发现我们班两名同学在传看一本笔记本。我打开一看，满满一本都是和一名女生的对话，这本厚厚的笔记本正是小华的。我后来了解到，这样的笔记本总共有三本。针对这一问题，我采取了以下措施：

首先，"疏"好过"堵"。我大概看了里边的内容，基本上都是一起吃饭、买包奶、送一支笔、聊聊游戏、吐槽……与其说是早恋倾向，不如说是青春懵懂时期对异性的好感罢了。打压、禁止双方接触只会让学生产生疏远、叛逆的情绪。

其次，倾听和理解。用沟通的方式去获得答案，倾听他的想法，让他知道我是可以和他一起解决问题和困惑的。下课他来办公室找我，一开始他觉得很委屈，自己去五楼上课了，别人犯错，为啥要收他的笔记本。我首先表示认同："那两位同学确实不对，不应该没有经过你的允许乱拿你的东西，这确实不是你的错。"接着我就让他回班上课了，让他冷静冷静，等自习课才把他叫出来，开始谈话。

我：这个事情你确实没有错，这段时间我也观察到你人缘挺好的，你们两个成为好朋友也可以相互帮助。她体育很厉害的，你得多向她学习啊！不过她学习上有点弱，你可以帮助她。

生：学习上我也得提高。但是感觉自己各方面都挺普通的……（其实孩子是有一点不自信的，成绩一直提不上去，他也不知道该怎么办。）

我：你的时间和精力都花费在写小字条上了，上课怎么可能认真听讲呢？课间聊聊天是可以的，现在这种方式是不是不太合适呢？

他陷入了沉默，也认识到自己有不对的地方。我们就一起分析薄弱学科，制订学习计划。同时，我也和各学科老师沟通，持续关注他上课是否还有传小字条的行为。

再次，加强家校联系。及时向家长说明情况，提醒家长多关注孩子，注意自己的教育方式，切忌用训斥或强行阻止的方式来处理。与此同时，多和孩子沟通交流，多表扬鼓励孩子在学校取得的进步。

同时，我不断发现他的优点，赞美他的每一次进步，帮助他树立自信。

润 心

靠近你，温暖我。主要收录用耐心、爱心、鼓励、关怀等，促进学生身心健康成长的教育故事。

雕琢美玉，感悟成长

安 露

经外的学子都非常优秀，就像一棵棵朝气蓬勃的幼苗，生命力旺盛，而尖子生在一个班集体中起着"一棵幼苗推动另一棵幼苗"的影响和作用。

在一个班集体中，尖子生的成长并非野蛮自生，而是需要老师的爱心呵护和精心培育。老师需要做的是发现潜在的尖子生，并尽心尽力地培养他们。初中生在心智方面还不成熟，容易出现各种状态不稳定的情况，班主任就要细心发现他们的需求并积极给予干预及助力。

班长小 X 同学就是一个综合实力较强的孩子。因为体育艺术节上他表现出了较强的领导力和班级荣誉感，在学生中有较好的影响力，因此在班委评选活动中他高票当选班长一职。

八年级时，他得到了加入共青团的机会，实至名归，但因他属于外地生，入团材料需上交照片，第二天上午 8 点就要提交材料。麻烦的是，他当时手中并没有照片，家长一时半会儿送不过来，发快递也来不及了。我也十分着急，辗转联系上学校附近的一家打印店，确认了早上开店时间，然后用手机给孩子拍了照片并且修成寸照的样式。我告诉他："这件事情交给我，你安心回宿舍睡觉吧。"第二天一早，我调开了原本要上的第一节课，顶着初冬的寒风去打印店打印照片，一个来回半个多小时，事情得以顺利解决，我便没有再放在心上。

后来他从其他老师那里了解到我去打印照片的事情，非常感动，特意把这件事情记录在了博客里。我很感慨，很多时候我们老师认为自己做的事情是微不足道的，可带给学生的影响和力量却是巨大的。自打那事以后，他对老师更加尊重、信赖了。

九年级刚开学时，考虑到班级班风趋于稳定，学生们的良好习惯已逐渐养成，以及小 X 同学加入了西少班，需要有更多学习时间等现实因素，我适当减少了他作为班长要处理的诸多烦琐的管理任务。为了避免他心里有落差，我与他说了我的想法，他也表示理解和感激。后来他在班里的影响和作用弱了很多，其他班干部也相继出现了懈怠情绪。怎样在中考备考阶段发挥尖子生的引领、示范及管理作用呢？我一直在思考着，努力想找到一个平衡点。

转机出现在一次班级会议上。一直在西少班上课的小 X 同学主动发来了钉钉信息。他向我反馈当下同学们的状态和一些表现，并给予了一些有效的建议。在班会上他慷慨激昂，呼吁大家认真学习，不辜负自己的理想和信念。我借此机会引导大家向他学习，勇敢面对挑战，不懈奋斗。后来班里学生不断比、学、赶、帮、超，最终在中考中取得了优异的成绩，很多孩子实现了小三甲的超越，而小 X 同学更是顺利考入了郑州外国语学校。

说心里话，看到小 X 同学发过来的信息时，当时我的心像是被金色的暖阳照耀了一样，打心眼儿里觉得这个孩子真正成长起来了，有了个人担当的意识和发现问题并解决问题的能力。虽然他做的对他来说也许是很平常、很微小的事，但是对我、对班级来说却有着不可小觑的力量。这么温暖负责的孩子谁能不爱呢？我常想：尖子生并不意味着成绩永远保持遥遥领先、高不可攀，人格独立完善，是一种更高级别的优秀。

在经外这个优秀生云集的集体里，尖子生培养给老师们带来了不小的挑战，尤其少部分尖子生顶着成绩光环有意无意脱离管理和监督的时候，最容易造成成绩下滑，带来遗憾。有了教师的及时关注和正确培育，这些尖子生才能及时调整自己的状态，自律自觉地完成学习任务，积极承担班级管理的工作，发挥他们的榜样引领作用。

每个孩子都是一块璞玉。作为老师，我常常想：我要怎么去雕琢，才能使他们永久焕发光彩？可不曾想，在发现这群孩子闪光点的同时，他们也在无形中照耀着我，我们彼此都实现了精神的丰盈，拥有了更广阔的成长空间。

筑梦引路，自信启航

王翠平

我是一名平凡的生物老师，转眼间，已经踏上教师岗位 11 年了。回首这些年的教育之路，我没有什么轰轰烈烈的壮举，更没有值得称颂的大作为。但这期间，我有过心酸，有过喜悦，有过成功，有过失败，有诸多说不完的故事。在我眼里，每一个学生都是一个含苞待放的花蕾，作为一名教师，我有责任让他们绚丽绽放。

初中是青春期的主要阶段，是人的一生中身心发展的黄金时期。处于这一时期的中学生大多对未来有着美好的憧憬，在学习和生活中富有探索和冒险精神，但是非界线较为模糊且自控力较差。因此在平时的教学过程中，我们不要只看学生表面上的表现，还要善于挖掘其内在思想及其行为背后的原因，了解其心理，并做好相应的引导。

和往年一样，2022—2023 学年我仍带了 6 个班级的生物课。对于七年级的孩子来说，生物是一门新学科，也是八年级就要进行中考的学科。所以从开学第一课，我就向孩子们强调好好学习生物的重要性。大部分孩子在后面的学习过程中也都能按老师的要求认真听课、写作业，但 A 班的小王同学每次上课都会发出异样的声音。直到我忍受不了，要求他站起来听课，怪声才终止。此外，课后他还总问一些与课堂内容无关的问题，而我为了赶到下个班上课，总是无法为他详细解答。但接下来发生的一件事，让我对他有了新的认识。

开学初，为了让孩子们能快速进入学习状态、及时完成作业，我在每个班都指定了两个科代表。他们表现都很积极，能及时地布置作业、收发作业，令我很是欣慰。但后来，小王同学所在班级的两个科代表都病倒了，所以我必须先暂时找一个新的科代表来辅助我的教学。

记得那天上课前，我问有没有同学愿意当生物科代表，愿意的话，下课后找我。结果，好几位同学找到我，要申请当科代表，而小王同学就是其中一位。想到他平时的表现，我直接想拒绝他，但还没等我开口，他先开了口。他说："老师，您肯定想着不让我当吧？因为我平时总给您捣乱。但是，老师，我之所以那样做，是为了引起您的注意，让您多关注我。开学时，我也申请当科代表了，但您没有选我。所以我就在您上课时发出各种声音引起您的注意。我知道这种做法不对。老师，请您相信我，我以后不捣乱了。我特别喜欢生物，我以后绝对好好学习生物。"听到他这么说，当科代表的意愿又这么强烈，我告诉他："下节课，课前我要提问已经学过的内容，只要你都能答出来，就让你当科代表。"听到我给了他机会，他高兴地说："老师，您放心，我绝对全答对。"

第二天上课，我一一提问所学内容，轮到提问他时，我故意提高了问题的难度，他竟然全部顺利答出来了。看到他高兴又自信的样子，我也开心地宣布："小王同学是咱班第三个科代表，试用期2周！表现好，继续当；表现不好的话，咱们就换人！"大家听到后纷纷为他鼓掌。课后，他抱着作业找我时，开心地说："老师，谢谢您给我机会。我以后肯定好好学习，当好科代表的同时，学好生物。"

接下来的一段时间，他学习更努力了，各方面表现也更好了，成绩也显著提高了，好像科代表这个职位让他重拾了自信，找到了自我。在期末表彰时，看他拿着奖状，站在讲台上开心的样子，我也会心地笑了。此时的我，庆幸当初做了正确的决定，给了他进步的机会，那也许是改变他一生的机会。

每个孩子都有闪光点，没有赏识就没有教育。作为教育工作者，我们应该用发现美的眼睛去挖掘孩子们的潜力。特别是对那些学习基础差，纪律也不太好的孩子，更要努力发现他们身上的闪光点，并把这些闪光点放大，让每个孩子都有展示自身才能的机会，从而获得自信心、成就感和幸福感。

种下爱，收获爱

李俊霞

　　"真教育是心心相印的活动，唯独从心里发出来，才能打动心灵深处。"大学时听教育学老师这样说，只感觉苍白无力。然而，教育的魅力，就是无论你处于教育的哪个阶段，在某些瞬间一定会体会到这句话的含义。

　　初出大学校园，来到经外工作，担任八年级两个班的物理课教师。一次物理课上，我正在讲新课中的重点知识，小C同学坐在第一排，却在下面"侃侃而谈"，已经影响到了后面两排学生听课，我当即严厉制止了他。或许是青春期的孩子自尊心比较强，小C同学不但没有马上认真听课，反而一脸不开心地拿出课后习题，埋头写了起来。我一边讲新课，一边快速思考：不听课，说明这位同学对我的做法不认同，觉得我的批评伤害了他的自尊心，不一定是没有认识到自己上课说话的错误；能够直接写课后习题说明他进行过预习。而我现在正在讲解新课的重要部分，若多次批评他会让其他同学分心从而耽误课程进度。考虑再三，我没有再干预小C同学的做法，而是继续讲课。

　　下课后我把他叫到教室外，问："为什么后面没有听课而是做起了题？"

　　"暑假提前学过。"他冷冷地回答道。

听了他的回答，我并没有生气，而是关切地问他："是不是因为老师在课上当着全班同学的面指责你，不开心？"看到他的神情缓和下来，我又继续说："首先呢，上课说话本身就是不对的，不仅耽误自己学习，也影响其他同学听课，对不对？其次，老师在上面讲课，你却在下面说话，是不是有点不尊重老师呢？"

小C同学一声不吭，但是点了点头。我又继续说："你能够主动做题说明你还是很喜欢物理这一学科的，但是课堂上需要跟着老师的思路走，哪怕是已经预学过，也需要把自己所学的内容强化，这样你可以给自己定一个更高的目标，把题全做对，而不只是简单地学过。"

听到这里，小C同学低声回答："好！"预备铃响了，我就先让他回去上课了。

回办公室的路上我在想，他是否听进去我说的话了呢？这些话对他来说真的有用吗？于是第二节上课，我先把眼神定格在了小C同学身上，发现他坐得笔直，课上也是一直在认真听讲，还能积极回答问题，我及时表扬了他。下课后，我忍不住夸他："你今天上课的表现棒极了，我非常开心。"没想到小C同学开口说："老师，我想当物理科代表，我一定会负责任的。"这让我惊喜不已，当即就答应了他。

往后的时间里，小C同学不仅自己在物理学习上下了很大的功夫，也是一个极其负责任的科代表，收发作业都特别及时。在我说了物理有些内容也需要记忆之后，他向班主任申请了物理小背诵的时间，甚至还当起了小老师，带了一个个想要学好物理的"学生"。他周末主动和几位同学发起在线课堂，讨论遇到的物理难题，并成立"帮帮团"帮助基础薄弱的同学。还记得感冒高发时期，我也没能躲过病毒的"袭击"，由于晚上要去输液，第二天又是早上第一节的课，我告诉小 C 同学晚上的作业就不用收了，来不及批改。没想到早上我办公桌上不仅放了作业完成名单，几个同学未交作业的原因也标记得很清楚，便利贴上还写着错得比较多的几道题，便于我着重讲解。那一刻，我真的很欣慰。

这样的事情非常多，现在写下这些事的时候我仍然很感动。中考结束的那天晚上，小 C 同学发给我一个文档，里面有 4000 多字。我一字一句地读完，读着孩子真诚的话语，不禁在想，如果那节课我只是在课上批评他，并没有课下找他交流会怎么样？教师的一言一行、一举一动会带给孩子们多大的影响？也许不经意间一个欣赏的眼神，或者一句鼓励的话语，就可以点燃孩子们内心向上的火苗。当我满怀爱心对待学生时，我已经在爱里收获了爱，并发现身边的幸福熙熙攘攘。

爱如明灯，照你前行

张 迪

教育是一个很微妙的过程。要在密林中为寻梦的孩子引路，拨亮他们心中美好希望的明灯，教师自己首先就要成为一束光，用真诚和爱心光照每一位孩子。

作为一名普通的任课教师，教学成绩并不是我唯一关心的。我深知自己面对的不是一排排整齐高效的机器，按下相关按钮，学生就能迅速完成命令。相反，我所面对的是一个个鲜活的生命，是一个个自由的灵魂。所以，走上教育这条路时，我便告诉自己要用心聆听每一个孩子的快乐和忧伤，尽可能保护并帮助所遇见的每一个孩子。

佑佑同学就这样走进了我的世界。

入校之初，在众多稚嫩、陌生又充满憧憬的面孔中，这个扎着长长的马尾、戴着黑框眼镜、文静寡言的女生并没有引起我特别的关注。她在班里是很安静的存在——成绩不算突出，课堂很少被提问，作业质量参差但正常提交，早读听写正确率不高但能按要求订正，自习课不捣乱不说话，没有什么逾矩出格的言行，但她的学情反馈始终被动地游走在班级后面。

为了充分调动她的学习自觉性，我把包括她在内的 5 位同学组成了一个"英语筑基小组",并选了一位小组长督促他们利用碎片时间背诵课后单词、课文对话等基础知识。我开始在学习上严格要求她,在生活上无微不至地关怀她。走廊碰到时的微笑,课前背书的点名表扬……都能让她眼中的光更加闪亮,脸上的自信更加生动。她虽不像其他同学那样健谈活跃,却总在被关注到的每一个时刻悄悄发光。多少次,我在远处默默注视她,观察她的变化,只要有一点进步,我就不失时机地表扬她,给她信心。一段时间后,我发现她学习更加认真刻苦了。一切都向着我的预期在改变,只是,她依然内向寡言,不善言辞。于是我抓住合适的契机,带动她身边的同学来关心她、帮助她、鼓励她。她开始变得开朗活泼,显出了更多的生机与活力,早读的声音越来越响亮,和同学的交流渐渐增多,脸上的笑容更加灿烂了。

一段时间后,她取得了明显进步。在期末调研中,她取得了 103 分的好成绩,彻底退出了"英语筑基小组"。小组长来找我聊天,也深深为她感到骄傲。而且她们俩已经商量好了,利用暑假结伴学习,提前背诵九年级的英语单词。我问了她们的复习和预习计划,给出了指导建议,帮助她们确立了"跳一跳可以够得到"的学习目标。对于她们在学习上的积极主动和互帮互助,我深感欣慰。

佑佑同学的故事让我明白,教育是老师用真诚的帮助带动学生奋力前行、不断进步的过程,更是一个青年教师力求用全部的爱和温暖,去带动和影响更多的同学,一起心向阳光、勇敢前行的过程。

教育是微妙且幸福的事。而我是教师,要在密林中为寻梦的学生引路,用爱心拨亮他们心中美好希望的明灯!

教育，从心开始

杜梦莹

教师被誉为人类灵魂的工程师，是学生心灵成长的引路人。读书时，我只知这句话的表面意思。转眼经年，真正成为一名光荣的人民教师，我才真正领会到这句话的内涵——教育，应从心开始，是一颗颗心的碰撞与交融。

2022 年下半年，我任七（10）班的英语老师。第一次走进这个班级，看到的是一张张可爱、稚嫩的面孔和一双双天真而又充满好奇的眼睛。当时我就下决心要把他们教好！随着和学生的交往，我也越来越了解班里的学生情况，有的同学让我感到骄傲和自豪，有的学生却让我束手无策。其中小王同学给我的印象是偷懒、不做作业、考试成绩差。我也曾几次找他谈话，结果都是以他一言不发而结束。别的老师也劝我说算了吧，他是学不好的！于是，我对他的关注也越来越少。就在我打算"放弃"他时，一件事情让我改变了想法。在一节自习课上，我给学生布置了作业，站在讲桌前弯腰批改试卷，没想到小王同学对我说："老师，坐凳子上改吧！"他居然如此贴心！

这件事让我反思：这是一次偶然的事件，还是我没有了解他？

后来我又单独找了小王同学聊天。一开始他只是简单地以"是"或者"不是"回答我的问题，自己不表达观点。接着我又说了一些他可能感兴趣的话题，慢慢地，他开始和我聊了起来，并且表现得很健谈。就这样我们有了一次愉快的聊天经历，接下来的一段时间我们又进行了几次类似的谈话。我了解到他是一个热情、懂事的孩子，他渴望考出好成绩，渴望得到老师的表扬和同学的肯定，但他缺乏信心和对学习的兴趣。

有些学生的内心世界复杂而敏感，他们会为老师的一句表扬而欣喜若狂，会鼓足力气，更加努力，不辜负老师的期望；也会为老师的批评而伤心难过。

一个学生是一个学校的千百分之一，是教师的几十分之一，却是一个家庭的100%。作为教师，我们的每一句话都可能对他们产生很大的影响。我们应该走进学生的内心深处，去聆听学生的心声，了解他们真实的想法，多表扬，少批评，帮助学生找到自信，鼓起干劲。

后来小王同学慢慢地对英语学习感兴趣了，每次考试都有进步，最终成为大家眼中的"好学生"。

痴心一片终不悔，只为桃李竞相开。每天与学生朝夕相处，有温暖，有遗憾，有感动，有反思，有收获……这些感受汇聚成了我的教育故事的交响乐。虽然从教时间不长，但我有坚定的信念，有满腔的热爱，也有青年教师的冲劲，在教育的沃土里，我将开启青春无悔的绽放。

小事着手，引领发展

石　琳

实现梦想的最佳方法是认清自己、找准目标、做好手边事。这让我想到了班上的一位男生。

第一次注意到他，是在军训前我与同学们的第一次见面。当时大家集合，在操场排队，他眼神灵活，站姿松垮，侧面而立，一会儿跟左边同学说话，一会儿跟右边同学聊天。我的初步判断是这个男生聪明、机灵，但不怎么守规矩。而他在军训期间和开学初的表现也印证了我的猜测。后来，我又发现他书写潦草，上课容易发呆，注意力不集中。

9月初，我和他妈妈沟通他的情况。他妈妈表示会和孩子好好沟通，但是明显地更在意学习成绩。当时我给他妈妈建议：习惯没养好，先不着急谈学习；习惯养好了，学习自然会上去。她这才认真起来，从"更关注成绩"到"先重视学习习惯"。后来也沟通过孩子学习态度的事情，我发现家校沟通时没有问题，但是后续并没有太大改变，于是我决定换个思路。

从"言"到"行"。先从手边的事做起，也就是从他的书写抓起。家长也明白孩子的书写不美观，所以愿意配合，在家督促孩子练字。从"练字计划"开始，每次练字有进步了就表扬他，慢慢地，不仅说练字，也说课堂互动。

从具体的事情开始，家长比较明确如何配合，孩子每天都有进步。当然也有反复，所以有关互动、作业、订正等事情一直在反复沟通，沟通交流得越多，家长配合得就越默契，孩子的学习也越高效。

又是一个新学期。他上课虽然不再发呆，但是喜欢和周围的同学讲话；书写不规范；作业要么交不上，要么就是交上来也不完整。于是我先与他家长沟通，还是希望家长继续配合，从练字开始关注；再找他谈话，问清楚不交作业的原因，他说忘了、不会写、没写完……于是我和他沟通哪里不会，讲清楚之后让他把作业补起来。

让我最惊喜的是他书写的转变，从最开始要求能够把字母书写规范，到把单词间距控制在一个字母的宽度，再到后来书写工整，家长激动地感叹都不敢相信这是孩子自己写出来的。这个过程中，孩子会浮躁，所以我和家长一边陪伴，一边鼓励，定期沟通。

慢慢地，我发现他的预习任务逐渐能做出来了；上课认真听讲的时间变长了，而且课堂上互动的频率高了，回答问题的正确率也提高了；作业能够按时上交，下半学期还做了英语科代表，负责收发作业，而且每次都很积极。我感觉他对自己的评价变高了，写字也没有以前那么浮躁了，能够把握考点了，总结知识点不再笼统抽象而是越来越具体准确了……

小事着手，家校配合，引导学生不断发展。每个学生都是有巨大潜能的，我相信他们会不断进步，越来越好！

爱心灌溉花满园

杨婷婷

鲁迅先生说："教育是根植于爱的。"赞可夫也说："当教师必不可少的，甚至几乎是最重要的品质，就是热爱儿童。"在从教数载的经历中，我慢慢地对这样的话语有了更深刻的认识：爱是教育最温暖的底色，更是教育的灵魂。

我在不同的年月里遇见了各种各样的学生，于是有了不一样的故事。温暖有之，嬉笑有之，生气有之，不解有之，五彩缤纷，有时候也难免会五味杂陈。但这些故事都因为浇灌了满满的师爱，变得温暖而闪亮。

小 Z 是我的科代表。提起这个小姑娘，我们办公室的老师总是会说："你这个科代表真负责任，是你的得力小帮手！"我们年级的老师也总说："这个小姑娘在英语角的舞台上跳舞特别飒！英语学科活动上古筝弹得惊艳四座！"每每听到这些，我内心都非常激动，深感骄傲。她不仅多才多艺，在各项活动中表现出色，而且成绩斐然，是大家心目中的学习榜样。但是谁能想到这个小姑娘七年级的时候害怕上学、厌学，甚至因为出现过心理问题而差点休学呢？

当时，为了帮助她重返校园，我和班主任多次和她的家长沟通，找寻方法，和她聊天，晓之以理、动之以情，说服她返校先体验一周学校生活。作为老师，我深刻意识到这宝贵的一周是帮助她克服心理难关的关键期，决定了她在一周后能否适应学校环境，开始正常的学习。因为是小班教学，英语老师有得天独厚的优势，能关注到班里的每一个孩子，这也是我能够更多地去关注到她的一个有利因素。和班主任协商后，我开始专门为这个小姑娘制订了计划——第一阶段，课上观察课下谈心，取得孩子的信任，找到孩子身上出现问题的原因；第二阶段，引导班级里富有正能量的学生陪伴她鼓励她，让她快速融入集体；第三阶段，发现她的优点，创造机会、提供平台让她展现自己，找到自信；第四阶段，鼓励她做科代表或者班干部，让她获得成就感和认同感，从而克服厌学心理，喜欢上学校生活。

毫无疑问，第一阶段和第二阶段是否成功直接决定了第三阶段和第四阶段能否顺利进行。首先我和家长沟通，了解到孩子之前成绩中上、性格活泼，而进入初中后所学知识增多，学习节奏加快，压力陡升，一下子无法承受。针对这种情况，在课堂上我将所讲知识和幽默故事相结合，使课堂氛围变轻松，下课后以朋友的身份和她谈心，分享我初中时的经历，从同理心角度让她打开心扉，并找时间一对一进行心理和学业辅导。慢慢地，她来办公室和我聊天的次数就多了起来。在路上遇见，和她说话，她也不再闪躲，会主动回应；会在走廊里和学生们说笑聊天；课堂上积极回答问题。一周后她主动告诉父母和老师，还想继续来学校。知道她会跳舞会弹古筝后，我鼓励她参加学科活动和口语活动。中午陪着她一起排练，周末一起商讨舞蹈配乐和古筝曲谱，也会趁机为她补之前落下的知识。她从刚开始的害羞到有问题积极与我探讨，有开心事主动和我分享。有一次我趁机说："老师特别喜欢你，想让你做英语科代表。"她很开心地答应了。我也会经常在她的作业本上、笔记本上留言："你努力的样子很可爱哟！""你每天都在努力和坚持，相信你后面会有很大的爆发！""你的进步就是我所求的，而你一定会进步就是我相信的！"功夫不负有心人，她整个人都变得积极乐观。每一次安排给她的任务都能出色完成，每一次考试前她都会跑到我面前说："老师，相信我，等我的好消息。"私下里，她还会给我写小字条分享好听的歌曲、有趣的事情。

无数条聊天记录，是我们相互陪伴的美好符号，让我们成了好朋友，她也一跃成为班里的学习标兵。她无数次给我发信息表达对我的感激和喜欢："老师，您的信任、鼓励、关爱就像一束光，让我在那段黑暗又艰难的时光里找到了方向，看到了希望。"作为教师，我们会遇到不一样的学生，领略不一样风景，唯有用爱浇灌，用心教育，才能百花盛开，风景这边独好。

总有人间一两风，填我十万八千梦

陈聪俐

又是一年毕业季。

蓝天当纸，写不完三年的相互陪伴；海水为墨，抒不完离别后的万般柔肠。驻足回望，那些一起走过的路，一起读过的书，一起看过的晨辉和夕阳，都成了关于经外、关于成长的动人故事。

本学期我继续担任九年级9A班、10B班的数学教师，陪学生们度过他们在经外学习的最后一段时光。一路走来，有苦有乐，有烦恼，有欣喜，收获良多。

H同学的故事

H同学是10B班的一名女生，平时沉默寡言，很少与同学交流，是班里的"小透明"。说实话，开始接班后，我并没有注意到她。

最开始注意到H同学，是因为她订正后的试卷工整、细心，虽然当时会有一些题目不会做，但是经过讲评后订正得十分工整，体现了我评讲时总结的一些技巧与思路。随后的课堂上，我认真观察她。数学课上，H同学很专注，从她的眼神中我能准确判断出她上课的状态，或明晰或疑惑，都会从她的眼神中跑出来。于是，我会适当调整上课的进度，确保学生们能够全部理解。我想，H同学一定也是感受到了我的关注，慢慢地会主动回答问题了，有疑问的地方也能及时提出。我也会一一给予回答，再传递给她一个眼神。这好像成了我们彼此之间的默契。

H同学的数学成绩一开始并不是很突出，尤其是解答题部分，思路欠缺，计算也倾向于复杂解法。看得出她是一个非常努力的学生，只是没有找到适合自己的学习方法。我在空闲时间找她聊天，聊学习方法，聊理想学校，鼓励她找到适合自己的学习方法，适当进行薄弱知识板块和薄弱题型的练习，多来找我问问题，等等。此后，H同学来找我问问题的次数增多了，她的所有问题我都会一一进行解答。与此同时，这学期，不只是我，其他科任教师也明显感觉到H同学的踏实肯干，我也暗暗期待着她的进步。

令我欣喜的是，H同学的数学成绩慢慢进步了，从一开始的八九十分，慢慢地能到100分以上了，尤其是在中考前的几次模拟测试中，她的进步让我惊叹不已。踏实，厚积薄发，是我对这个姑娘更深一层的了解。

中考前的模拟考每两周一次，而数学测验差不多一周一次。有天她来找我，说感觉到了中考的压力，对于数学应试方面还是有欠缺。我给出建议，帮助她增强信心，同时希望她能保持住现在的状态直到中考结束。果然，在中考中，H同学拿到了总分669分的好成绩，不只是数学，其他科目的成绩也挺好。我为她感到高兴，也衷心祝愿她在今后的道路上越走越好。

中考前拍毕业照的那天下午，H同学带了相机过来，想跟我合影，但是不好意思直接说，我得知后欣然同意。她的脸上和眼神中有些许羞涩，我故意在拍照时逗她笑，我们一起拍下了属于我们两个人的合影。

信任，真是一个美好的词语，我觉得那一刻我是她值得信任的朋友。

关于毕业以后的事

X同学：你是我遇见过的最好的数学老师。

S同学：老师，等我有时间了，一定再回到经外，顺便把你的"名号"给学弟学妹们传下去。

Z同学：老师，这是个一元二次方程：$x^2 - 640x + 62400 = 0$。其中一个根代表我想考的分数（120），另一个根代表我想对你说的话（520）。

......

总有一些善良和美好的事情，满足我们对世界的所有遐想，成全我们的梦想。

作为教师，我是幸福的。

总有人间一两风，填我十万八千梦。

做一个擦星星的人

刘倩倩

初到经外，四处荒凉，内心惶然。几年时光，倏忽而过，我和她一起成长得更好了。这短暂又漫长的时光里，总有几片乌云、几阵暴雨，但我已不再害怕，因为每个学生都是会发光的星星，足以照亮我人生中每个阴郁的时刻。

我要送你，明媚的光阴、快乐和浪漫

她不爱说话，总是低着头，明亮的眼睛藏在额前的头发下面。"可心，你愿意做我的科代表吗？""老师，我愿意。"这是我们第一次真正的对话。认识她，是在看到她认认真真的作业后，我立刻坚定了要她做语文科代表的决心。我们俩的故事，就这样开始了。

如她所言，我们相遇的时机并不好。直到分别，我才知道当时她的状况有多糟糕。开学一个月，连换两个语文老师，她很是反感。而我，临危受命，一边哭一边坚持。我们就这样，从互不喜欢开始，别扭地相处。我应该是一个蛮"毒舌"的语文老师，安慰人也不是很擅长，只能用我喜欢的方式和她交流。

我在讲台上读着她的作文，越读越惊喜，抬眼，看到了同样惊喜的她。她嘴角上扬，但笑得有点难看，她原本应该是很漂亮的女孩子。没关系，我看到了她的喜悦。于是，我将《大街》送给了她，其实我没看过，觉得获得诺贝尔文学奖的书总该是优秀的。我承认这次的"图书交流"不走心，却无心插柳柳成荫：

第一次月考，我因为作文得到了2本《大街》，我当时的心境就像看不懂的大街，在同学面前故作深沉与神秘，学习其实并不努力。

这是她写下的一段话。

我要陪你，看阳光和煦，月色清新

我越来越关注她的文章，从随笔到练笔，再到作文，她的文章总有一个共同的主题——她和妈妈的故事。她写坐在妈妈电瓶车的后面，她欢呼雀跃的心；她写和胃不好的妈妈难得的小火锅之约；她写妈妈陪她写作业的日日夜夜……我开始有点偏爱这个懂得感恩的孩子。学期结束，我又以"犒劳"科代表的理由送给了她一本《民国才女》，我希望她能成为温柔且坚定的女孩子。

她微笑着接过书，这次，我看到了她亮晶晶的眼睛，果真是个漂亮的女孩子。我们的口头交流也变得多起来，但大多数情况都是我在说，她在听。后来，我才知道，那时候她妈妈病了，而她逼着自己以最快的速度成长。怪不得，下课我从未见她和别的同学嬉笑打闹过，而她的成绩突飞猛进。

随后，期中考试，我迎来了人生的大节点，妈妈病了。返校当天，我在偌大的三楼阳台，无助地缩成一团。突然，你又送给我一本《民国才女》，黄色封皮下的故事，如我的心一般寂静而荒凉。唯一不同的是，故事中的女主人公，有活下去的勇气。

这是她当时写下的一段话。

我要祝你，浑不怕十万八千里，风雨也无惧

我们的图书交流还在继续。她越来越努力，我越来越心疼。我想用这样的方式，照亮她一点，再多一点。终于，我们还是要说再见了。离别前夕，一封手写的信以图片的形式出现在我的微信里，读着读着，我就泪流满面。

《人生如逆旅》《往昔之梦》《长河》，都是亲情散文，也象征了我从坚守到迷茫再到坚守的心理征途。

说了这么多都没提到你，但没有你贯穿始终，一切逆袭都为南柯一梦。你也许觉得我平时和你交流不多，也可能是我不善言辞，但你是我唯一一个愿意推心置腹的老师。说"您"，是因为您是长辈；说"你"，是因为你是我人生的挚友。

这是她写给我的另一段话。

而她不知道的是，其实，我们是在相互救赎，她也温暖了我那些黑暗的日子。漫漫教育路，我会继续做一个擦星星的人，让更多的孩子散发点点星光，最终光芒万丈。

一场美丽的"误会"

薛　媛

时光荏苒，转眼间我在经外所带的第二届九年级学生已经毕业。回首过去这一年，仿佛有人打开了时间的加速器一般，匆匆而过。点点滴滴，回忆满满。

我带的4个班各具特色，九(9)班思维活跃，九(10)班沉稳踏实，九(13)班乖巧听话，九(14)班积极认真。很多同学给我留下了深刻印象，但印象最深的当数九(9)班的小Z。

小Z的历史成绩并不突出，历史甚至可以称得上是她的薄弱学科。上课时她也偏向安静沉默，所以接班很长一段时间内我们彼此"不熟"，知道她是九(9)班的学生，但姓名对不上人。对她最深的印象或许便是她的字体，有点像楔形文字，非常有特色，改作业时一眼就能认出来。作业错误率比较高，我会在空白处批注"要端正态度，好好听课，认真完成作业，认真对待订正"等字眼，不过好像她也不认真看，或者也有可能看了但不想给我回应。总之，我们之间的直接交流很少。

我们俩真正熟悉起来其实缘于一场美丽的"误会"。学校实行"一生一师"导师制，要求教师帮助疏导学生学习及生活中出现的一些问题。就在网课临近结束时，小Z班上另外一个跟她名字听起来非常相似、性格长相也有点类似的女生小Z2号分给了我，我们假期定期在钉钉和微信上聊天，颇为投机。

回到熟悉而美丽的校园，开学的第一天我想着要和我的导生小Z2号加强联系和沟通，拉近彼此的关系，于是决定课间找小Z2号聊一聊学习方面的问题。怕认错人，我还专门问了她的位置，但由于她俩的名字听起来过于相似，科代表给我指了小Z的座位，所以本该与小Z2号聊天的我，与小Z聊了很久。第二天上课点名提问时我才发现这个"乌龙"，当然，我并没有让两位同学知晓这其中的误会。

历史课上，小Z依然不举手，但在我提出问题后，她会大声回答。有一次，一个非常难的问题只有她一个人回答上来了，我认真地表扬了她。此后她学习历史的热情似乎被调动起来了，居然会主动问问题了。我趁机鼓励她好好学历史，告诉她一些学习历史的方法和小窍门。又一节历史课前，我推开教室门，就听到她在喊："老师好，老师我爱你！"虽然有点害羞，但我还是看着她的眼睛，回答了一句："我也喜欢你！今天也要认真听课呀！"那节课，她一直很开心也很积极。此后只要我走进教室，或者我们在走廊碰到，她都会热情地说："老师，我爱你！"大方又快乐，而我也渐渐习惯了她的风格，回以微笑和一句"我也爱你，继续加油"。后来她的历史成绩依然不拔尖，但肉眼可见地不断提升。中考成绩出来后我问她历史考得怎么样，她非常不好意思地说没有考满分。我及时肯定了她的成绩并安慰她满分也是要看一定的运气的，她才又开心起来。

当然，小Z只是我带的学生中的一个普通的孩子，班级中可能还有无数个"小Z"需要我们关注。只有热爱学生，尊重学生人格，才能走近学生，引导学生成才。

与学生共同成长

高思涵

　　小李是我的一个学生。七年级的第一个月，因为作业问题和他的家长电话沟通学习情况。他的妈妈声泪俱下地告诉我，这个孩子从小就生活在单亲家庭，性格比较内向，不善于表达。而妈妈对孩子的学习成绩要求很高，导致孩子几乎没有休息时间，放假还要补课。我知道这个情况后，冷静思索，决定以爱育人，不仅在学习上有所关注，经常找他沟通，帮助他舒缓压力，委婉地给他讲为人处世的道理，引导他去结交朋友，锻炼各方面的能力。多少次，我在远处默默地注视他，观察他的变化，只要有一点进步，有一点闪光，我就给他信心。我在学习上严格要求他，在生活上无微不至地关怀他。日久见人心，他的心灵向老师走近，也有了很多积极向上的好朋友。他的改变让我充满信心。

　　其实像小李这样的学生还有很多。我会真诚去拥抱每一个学生，对他们少一分苛求，多一分理解，少一分埋怨，多一分宽容，少一分指责，多一分尊重。

　　再说另一个学生小王。小王平时不怎么说话，对班级事务不感兴趣，不认真听讲，作业总是不能按时完成。我认真看了看他所有科目的作业，惊讶不已，他的字"龙飞凤舞"，我几乎认不出来。于是，我打算从练字做起，不断改变他的不良习惯。我找他谈话，并且让他认真写几行字。看到一点点的进步，我就毫不吝啬地夸他、鼓励他，并且要求他每周都来找我与我一起练字。得到认可，他十分开心，常来找我谈心。我还经常和各科老师沟通他的学习情况，并及时与他交流，肯定、认可、表扬他的闪光点。他的成绩不断提升，期末考试时数学甚至考到了前几名。因为他是走读生，我还为他找了几个好朋友，让他多多融入集体生活。一学期下来，我看到了他的积极乐观和努力，特别是每天洋溢着开心的笑容，让我十分欣慰。

教育应当是一扇门，推开它，满是爱和阳光。我相信，在平凡而细小的教育中，在我真诚的关心与执着的爱护下，学生们一定会走向成功。我愿意和我的学生们一同进步、一同成长！

成为彼此的光

王　丹

相　遇

开学第一天，一走进教室，我就听见孩子们一阵欢呼——哇，美女班主任！一听这话，我顿感不安，作为班主任，不能镇压全场可还行？我迅速从惊喜中回归镇静，瞪眼、掐腰一气呵成，果然，教室迅速安静下来，我一阵窃喜。就这样，我开始了与七（10）班 52 个孩子斗智斗勇的日常。

第一个对手就是我们班的大宝贝——阿霖，自理能力欠缺、淘气、话多、莽撞。早晨，我还没走到教室，便有学生怒气冲冲来投诉："老师，因为阿霖，今天早上宿舍又被扣分了。"

"老师，阿霖跑操迟到了，又扣分了。"

"老师，阿霖跟小智打架了。"

"老师，阿霖又跟同学打架了，眼镜都摔破了。"

开学一个月，他一人就创下了扣 13 分的"伟绩"。看着每周量化处于年级末尾的状态，同学们气急败坏。我也十分着急。不能再等待了，谈话教育势在必行。在我孜孜不倦的"唐僧式"说教之后，接下来几周，阿霖安生不少，谨小慎微，虽然也受到任课老师的"控诉"，但是整体上有所改观。

然而，这种状况并未持续太久。由于不断有同学反馈他上课干扰周围同学，我只能把他调到最后一排，淡化处理与他有关的事情。我不再揪心于他是否按时完成作业，也不再去和家长反复沟通，因为我心里已经给他定性了：他是不可改变的，我是无力改变的，我们彼此保持距离，和谐地待到毕业就好。

相　知

一次周末返校，我站在教室后门，看着胖胖的他安静地看着书。夕阳洒在他翻开的书页上，脚下凌乱的书包、水杯丝毫没有影响到他。那一刻，我似乎有点恍惚。我想再试试，试试看能不能拉他一把，看能不能再做一点事情。于是，我找了班里成绩较好的同学做阿霖的同桌，并且把他们的位置放到第一排。阿霖开心地把桌子搬过来，并且史无前例地把书包放在凳子上。下课后，我马上和阿霖"约法三章"，签署"座位条约"。第一条是保持桌面整洁。第一周，阿霖保持不错，桌面不再散乱。我有了一丝安慰，是时候给他提第二个要求了：在班里交5个好朋友。他愉快地答应了。然而，就在这个协议的第二条签署不久，阿霖便与同学发生了争执。了解事情原委后，我对阿霖说："我可以给你一次守护座位的机会，但你要写一份深刻的检讨书，并保证严格要求自己。"第二天，他拿着写得密密麻麻的三张纸来到办公室。我认真仔细地看他写的检讨书。他低着头，掉着眼泪，一副可怜的样子。我心软了，答应他回班上课，但不能乱喊乱叫。他爽快地一口答应了。一连几天，我一直观察他。他做得很好，我当即就在班里表扬了他，并让全班同学为他鼓掌。也许他接受这样的赞扬和鼓励太少了，激动不已。我们之间的心理距离第一次真正地接近了，同学们也对他另眼相看了，这对他来说是多么重要呀！紧接着，我给他提出了第三个要求：不说脏话。他一口答应了，而且做得很好。我抓住机会就表扬他，激励他。他进步快得出乎意料！

懂　得

某节自习课上，我无意瞥见阿霖手中的手账本，上面密密麻麻画满了老师的画像：1000 米杀手体育老师，瞪眼狂魔数学老师，元气仙女地理老师……我一把夺过他的手账本。下课了，阿霖胆怯地来到办公室，一副小心翼翼的样子。我指出他的错误，肯定了他的细心观察。突然，阿霖抬起头："老师，我一直觉得自己有写作才华，可是我爸爸妈妈不懂，我写了小说，回头你帮我看看。"看着他期待的眼神，那一刻，我想我可能会成为孩子的光。

就这样，由小到大，由易到难，由浅到深，由此及彼。虽然阿霖身上还有很多问题，但是他正在一步步成为更优秀的自己。与阿霖相处，不就是在真正的教育中成为彼此的光吗？我的阿霖，希望你能原谅我曾经的冷漠和不恰当的做法，无论如何，都希望你心中有属于你的美好校园时光。

以爱为底色，做有温度的教育

高　雅

教育是根植于爱的。从教5年，我对这句话的理解尤为深刻。作为人民教师，我们心中要充满爱，要有高度的责任心和使命感，关爱每一位学生，欣赏每一位学生，这样才能真正地促进学生的全面发展。

我是一名物理老师，要分享的故事源于学校"一生一师"德育导师活动。

我的教导对象是一名女生。她比较内向，上课表现也不是很积极，成绩中等。经过沟通，我了解到她最大的问题就是容易焦虑，心态不是很好，需要陪伴和关注。此外，进入九年级后，学习难度增加，她学习有些吃力，学习效率不高。

我要求自己，一定要找到合适的教育方法帮助她。我每周都会与她沟通两次，了解她的生活和学习情况。在一次次对话中，我了解到，她希望得到老师和家人的关心。我跟她说："我是老师，是朋友，也是姐姐，所以，你在生活和学习上有任何困扰都可以跟我讲，能帮助你我也很开心。"她大概感受到了我的关心与亲近，便敞开心扉，分享她的日常、心情以及学习中遇到的困难。我也不吝啬我的表扬、鼓励和指导。渐渐地，她变得开朗了，有自信了，课堂上也积极活跃了，优秀作业的名单上时常看到她的名字。

我把我们的每一次交流都记录整理好，方便我更好地与她沟通。

相处一段时间后，她会主动跟我说她的学习情况、周围发生的趣事等。学习上遇到困难，她会主动想方设法去解决，心态也有了积极的改变。每次我去班里上课，她会跟我说："老师，我们班里发生了……""老师，我们这节课要讲什么？""老师，您今天的衣服真好看！""老师，这个问题我有些想不明白，您帮我讲一下吧！"……

看到她的变化，我很欣慰，也很幸福。

到了中考冲刺阶段，她对自己的要求更高了，目标也高了，但是我相信她一定能够做到。她不仅跟老师交流得多了，跟同学之间的沟通也变多了，人也更自信了。课间，她会和同学谈论一些话题，也会和同学互相帮助，解决学习上遇到的难题。果然，功夫不负有心人，她的中考成绩给予她一个大大的肯定，她值得拥有成功。

在帮助她的这几个月里，作为老师，我也收获很多。我领悟到，爱是相互的，老师的爱是学生接受教育的前提，老师对学生怀有真诚的感情，学生才会亲其师，信其道，自觉愉快地接受老师的教诲。学生身上的问题是经过长时间积累形成的，老师不可能在短时间内让其改变，这就需要老师有耐心和爱心，挖掘学生的闪光点，坚持正面教育，才能取得满意的效果。

在今后的教育教学工作中，我愿意不断审视自己，完善自己，以爱为底色，做有温度的教育。

凝心聚力共奋进，德育润心向未来

赵明辉

学校教育教学管理坚决贯彻"立德树人，德育为首"的原则，充分发挥教师的职能优势，开展"一生一师"结对活动，秉承着教书与育人初心如一的理念，将德育工作落到实处，有据可循。回顾一学期的工作，我有收获有遗憾，希望自己在收获中成长，在反思中进步。

始于初心，洞察表象

九年级毕业班教学时间紧、任务重并且节奏快，如何快速认识学生并了解和掌握每位学生的学习情况成为我的第一要务。课堂表现、作业完成情况、学业检测等日常工作是我了解他们的有效途径。自认为很认真地了解每一位学生的我，不得不重新审视自己的教育教学工作。因为在学校心理健康测评的名单中，我惊讶地发现，竟然有我的科代表。在我的印象中，她课堂参与度高，积极回答老师抛出的问题；作业干净整齐，订错认真，每天按时完成作业，还可以结合预习完成相应的章节练习；课下也能够主动找同学找老师为其答疑解惑……怎么会有她呢？带着疑问，我开始找寻隐藏在背后的真相。

我发现她"口快于心"。在课堂上回答问题过快，脱口而出，正确率低，意识到错误后也能及时改正，且此现象发生得较为频繁。

我发现她"熟没能生巧"。课本知识点熟练，公式定理内容能够熟记，但缺乏综合应用和灵活运用的能力。

我发现她"缺乏自信，考前焦虑"。会时不时地问："老师，我们今天考试吗？""我们什么时候考试？我有点紧张。""我如果考不好了怎么办？"……

我发现她"缺乏理性，逃避问题"。在各类测试，甚至在日常作业中，不能接受或理性对待分数，有时因此流泪。

问题的产生不是偶然，当然问题的解决也不会一蹴而就，最常规的、最有效的方法便是"用心看"。在和她沟通的时候，我会用微皱的眉头、低头沉思的投入、问题得以解决的喜悦等一些"微表情""小动作"进行情境再现。

比如："我发现你上网课的时候，几乎趴在电脑上（模仿其动作），一直紧盯电脑屏幕，听讲特别认真。"

"是的老师，我怕我跑神，漏掉知识点。"

"你自律性很强，也能够自主学习，这是特别难得的品质，在这一点上，老师对你很是放心，相信你的家长也特别放心。但是老师想对你提更高的要求，希望你能把正确率再提升一点。课堂上给自己充分的思考时间，放慢速度，让脑子快于嘴巴，不着急说出答案，经过有意识的训练和培养，肯定能提升正确率，这也相当于间接训练自己做题的正确率。在有限时间内完成任务并保证正确率，才是制胜的关键。你觉得呢？"

在这样的环境中谈话，她既放松了心情，又拉近了与我之间的距离。

我既肯定其优点，又指出其不足，同时提出更高的期望和要求。她"看到"老师的关注，也更容易接受老师的建议。

正如某教育学者所说，一位真正的老师知道该如何去"看"孩子——注意一个害羞的表情，注意一种情绪的流露，注意一种期待的心情。真正地"看"不仅仅是用眼睛看。当我带着责任感"看"一个孩子的时候，我会用我的全部身心去"看"他。当我用手势、用侧着的头、用身心去"看"孩子们如何开始每一天的时候，孩子们也会体会到被老师"看到"的感觉。

恒于用心，智慧交流

九年级的学业检测次数稍显频繁，接连的成绩不理想，给了她严重的打击。面对"糟心"的分数，她泣不成声："老师，我感觉我已经很努力了，认真听每一节课，认真完成每一次作业，为什么成绩还是不行？我一到考试就紧张，每次都会出现选择题涂错，题写对了，答题卡抄错了，能不能把我的分数加上？……"我选择了认真听，任其发泄心中的困惑和不甘，给她一个情绪发泄的出口。我想此刻，倾听对她来说是最好的回应。情绪稳定后，我告诉她："考试就是一场场模拟战，我们要放平心态，做好持久战的准备。每一次检测，都会或多或少暴露出来知识的漏洞，我们能做的、必须做的就是一次次地织网补网。考试中，可能会出现各种问题，在平时检测中显示出来，才可以在下次检测中调整策略，避免出现同样的错误。学习就是不断地发现问题和解决问题的过程，检测就是一次次接受不太完美的自己，努力成就更加优秀的自我的过程。不仅仅在学习方面，在生活方面和心态方面也一样。玉不琢，不成器，你要有面对困难的勇气和信心。"

通过一次次的沟通交流，我逐渐赢得了她的信任和亲近。她焦躁不安的心逐渐变得平和，不仅在学习中找到了适合自己的方法，也逐渐学会了在失败中总结得失，更可喜的是在测试后几乎能准确预估分数并分析错因，主动分享答题情况。

终于爱心，以德育人

某教育家说过，教育是一种影响，是一种影响施加到另外一种影响上，让影响产生影响的过程。身为教师，我希望自己是一个关注孩子内心的教师，是一个有温度的教育者，能够时刻拥有教育的机智和敏感，用心"看"孩子，去打开孩子的心灵之窗；用心"听"回声，去建立师生之间的共情；用心"悟"教育，去唤醒敏感而机智的心。我会努力做一个善于观察、机智行事的教师，让每一个独特的个体在最大程度上发展自身才能，用真诚和善良去温暖每一颗成长的心灵。

凝心聚力共奋进，德育润心向未来。我将继续扎扎实实开展德育工作，恪尽职守，努力学习做一位心平气和的老师，学会和学生好好"过日子"。

弯下腰倾听孩子的声音

冯　娜

昨天我被一个男生骂了。

早读时，这个男生走神了。我上前提醒他，让他调整状态，他却极不情愿地摔了书。我补了一句："大早上这么大的气性吗？快点坐好读书！"他就开始哭，足足哭了一个早读。我觉得莫名其妙，但也并不诧异，因为他真的是经常哭，动不动就哭，默写不好哭，上课没回答出问题哭，和同学发生争执哭……这学期他状态不好。家长说孩子压力大，总怕自己学不好，没信心，在学校觉得压抑。我想正好可以借这个机会跟他谈谈，因为我始终认为跟学生聊天要找准时机，时机不对，谈话的效果也会大打折扣。

上完课，我把他叫到办公室，刚想问他早读为什么哭，他又开始哭起来。谈话需要建立在良好而又稳定的情绪基础上，于是我等他哭完，这一等就是半个小时。再问他时，他只说了一句："我就是觉得，一个人可以不顺，但怎么能干啥都不顺呢？"我继续追问，他却说："老师，没事儿了，我能回班了吗？"我说："不行，如果咱俩今天不能敞开了聊透了，你之后还会这样的。我每次跟你聊天，你从来没有真正吐露心声，都是沉默不语，你能跟老师说说为什么吗？"在我连续追问了三遍同样的问题后，他突然情绪爆发，大吼道："那还不是因为只要我和别人发生矛盾，你他妈的就认定是我的错，你从来没站在我这边过！"他觉得我不公平，他对我有怨言，所以从不跟我说话，遇到问题也不会求助我，自然我也不能说他一句，哪怕是善意的提醒。一个合格的班主任在处理学生问题时需要有高度的理智和冷静。我静静地等他发泄完，只问了他一个问题："孩儿，你再好好想想，我真的就没有做些什么让你觉得高兴的事吗？每次你和同学发生冲突的时候，你是真的一点错都没有？是老师冤枉你了，还是你只是觉得虽然都有错，但你觉得老师应该站在你这边呢？"他没吭声，我又说："那这样吧，老师给你 5 分钟，说出冯老师和班里同学让你感到高兴的至少三件事。若你能说出来，作为交换，我也会告诉你我看到的关于你的点点滴滴。"这个时候孩子家长正好到了，我走出办公室跟家长简单介绍了孩子现在的情况，之后便让家长全程倾听我和孩子的谈话。

5 分钟后，孩子开口说道："老师让我高兴的事，一是我课堂上举手回答问题老师表扬我，二是我的作业得了 A+，三是老师抽查背书我背会了。同学让我高兴的事，一是昨天我在教室看他们玩平板，你进教室把他们平板收了，二是前几天我在楼梯口捡了 10 块钱。"我真是哭笑不得，让家长先跟他聊。3 分钟后，我开始跟他说话："孩儿，刚才听到你说的这些话，我很欣慰，因为这是你第一次向我坦承你的真实想法。你刚才说的这三件老师让你高兴的事，都是在学习上老师对你的夸奖，说明你是一个求上进的人，很渴望得到老师的认可和学习上的进步。作为交换，老师也要说一说你让我高兴的三件事：一是在老师的课堂上，你第一次主动举手朗读文章；二是你刚转来时经常一个人围着校园默默地逛，我发现后找你聊天，建议你交一个好朋友，后来我就在校园里看到你和朋友一起逛的身影；三是这个学期你情绪稳定了很多，几乎没有跟同学发生过冲突，容忍度比以前大了太多。"

孩子渐渐止住眼泪，平和地倾听我的话。我顺势继续引导："你有没有发现冯老师让你高兴的事都是因为你做得好你为自己感到高兴，而你让冯老师高兴的事，也是因为你做得好，我为你感到高兴。所以，我想说，有时候我们的快乐里要容得下别人，要学会共情，为他人的快乐而感到快乐，这样你就会吸收到生活的正能量，就不会存在你说的看别人受罚了你感到快乐的事了，这其实不叫快乐，叫幸灾乐祸，也不会存在你说的生活处处都是不顺的事了。你说我偏心不向着你，不关心你，那我给你看看我和你爸爸的微信吧，这里面的内容全部都在聊你的学习、生活、情绪。"我把微信给孩子看，又细数了我观察到的他平时发生的事情，说到一些事的时候，他很惊讶，说他没想到这些事他自己都快没印象了，我竟然还记得。我跟他开玩笑："你个小没良心的，啥也记不住，那是因为你只用一双眼睛看我，而我是用心去看你，所以你总是记住我的不好，我却在你给我惹一堆事的同时看到你的好。做人要有包容心，也要多看积极面，这样才能开心、开朗。"孩子笑了。起身的时候，我跟他握了握手说："咱俩这也算一笑泯恩仇了吧？"孩子笑出声来，走出办公室门的时候，他非常礼貌地跟我说了再见。家长也感慨地说道："冯老师，我们真是遇到好老师了，太幸运了，谢谢您。"

通过这件事，我再次深刻体会到一个老师特别是班主任对学生的影响之大，也得到了培养学生的启示：一是要成才先成人；二是要让学生笑对人生；三是要培养学生的共情力，促进学生成长；四是一个都不能少，每个孩子都要多加关爱。

我和一名插班生的故事

魏曼曼

　　七年级下学期期中调研之后，我们班转来一位插班生，分到了我的英语小班。他是一名男生，个子不是很高，瘦瘦的，戴着一副眼镜，看起来文文弱弱。他来之后的第一节英语课，课前准备时间，我发现他坐在座位上紧张无措，看起来孤独又可怜。在检查预习情况时，我发现他没有课本，也不敢跟同桌和其他同学交流。于是，我就安排他的同桌跟他同用一本课本。接下来，我又在征求了他本人的意见之后，让他到讲台上做了自我介绍，请同学们鼓掌表示对他的热烈欢迎。满满的仪式感，给了他很多自信，也让孩子们对他有了一定的了解，下课之后还主动跟他聊天。这种双赢的事情何乐而不为呢？

　　课后，我跟他简单地聊了聊英语学习和学校生活方面的事情。曾做过插班生的我，深知刚到一个新学校时要面对的各种不适和问题，尤其是对于性格较内向的同学，可能要克服的困难更多。因此，能够给孩子带来一点心理上的安慰，我感到很欣慰。就这样，在上完第一节英语课之后，我就获得了这名插班生的信任。

　　一周后，其他科任老师跟我说，这个孩子的学习能力、学习习惯以及学习基础都很不错，人品、性格等也特别好。周末，孩子母亲发来微信，说是担心孩子英语学习跟不上，希望我课下给孩子多辅导。她还说孩子比较内向，不知道在学校适应得怎么样。短短几句话道出了一个插班生母亲的各种担忧。结合孩子的英语学习情况和其他老师的反馈，为了让家长宽心，同时鼓励孩子，我给家长的反馈是：孩子特别懂事有礼貌，学习上也很积极上进，尤其是字写得特别漂亮，老师和同学们都挺喜欢他。孩子母亲放下担心，言语之间流露出喜悦。孩子呢，从妈妈那里听到老师们对他的肯定，也特别开心。

渐渐地，他适应了新学校的生活，跟同学之间有了更多的交流，学习的劲头更大更足了。我也能明显感受到他对我的信任和喜爱，同时，我也为自己能够帮助到他而高兴。

就这样，半个学期下来，孩子的英语成绩在最后一次期末调研的时候达到 90 分。虽然在他刚转学过来的时候，剑桥课程已经快学完了，但是，他仅仅学了一个单元的课程，就能取得不错的成绩，让我特别骄傲。

某教育家指出，要善于发现学生身上的闪光点，要用欣赏的眼光看待自己的孩子。每一个学生都有自己的优缺点。教师要善于发现学生身上的闪光点，从不同方面捕捉学生身上的优点，给予肯定、表扬和激励，也许一句鼓励的话就会成为学生奋发向上的动力。

教育之路漫漫，我将砥砺前行。

我们都有自己的方向

刘振华

教育家苏霍姆林斯基曾说："语言——这是触摸到人性最细微特点的最精致的道具。善于运用语言是一门伟大的艺术。"谈心，是教育的必要手段，是否有出色的驾驭语言的能力，可以直接体现出你是不是一位优秀的教育工作者。作为班主任，首先要在与学生交往的过程中正确、合理、恰当地构建良好的师生关系。如何构建和谐美好的师生关系，使教育效果达到最佳呢？通过大量实践，我总结出：谈心，是架起和谐师生关系的桥梁。

班上一名学生小C，课业成绩差，自我约束力较弱，行为习惯不是特别好，但内心单纯、勤奋善良，能够团结同学、尊敬师长。

进入八年级，小C却出现了明显的变化，先是学习态度不积极，后来甚至出现辱骂同学，接二连三顶撞老师、扰乱课堂的情况，在一次音乐课上因对老师出言不逊被老师反馈到了政教处。接二连三出现状况，应是他的内心认知或思想出现了问题，我没有把他留在政教处批评教育，更没有约他的家长过来，而是带着他来到了我的办公室，请他坐下，说说最近的学习和生活。孩子的脸色有所缓和,桀骜不驯的态度明显改变,他缓缓说道："感觉学习没意义，上学也没什么意思，感觉考不上高中，在所有人眼中我似乎都糟透了！"我大吃一惊，这个挺让人喜欢的孩子怎么会如此评价自己？我问他，学习只是为了考高中吗？没有考上高中就没有出路了吗？在成长中最重要、最该在乎的是什么呢？

小 C 的眼神有些迷茫，但是在认真地听我讲。我感到这是他很少流露出的专注，一定是有所思考，就接着说道："我认为你是一个很让人喜欢的孩子，你会在班级有事时第一个站起来去解决；你会在老师不舒服时，默默为老师接上一杯温水；虽说你成绩不够好，但是帮助老师组织早读、检查过关、收交作业可是一丝不苟，做得井井有条，落实得非常好，说明你有出色的组织管理能力。有担当，体贴，主动作为，这是一个男子汉所具备的重要品格。这一点班上很多孩子都不如你！"小 C 激动地望着我，眼睛里闪着久违的光亮。"你知道学习的意义是什么吗？是为了幸福美好的生活，同时让周围的人因你的存在而感到幸福！无论眼前分数高低，只要你善良、努力、积极向上，那就一定会收获属于自己的幸福人生！我非常看好你呢！""老师，我明白了！谢谢您，我记住您今天说的话了！我知道该怎么做了，今天我就去找老师道歉！"望着小 C 眼里的泪水，我心疼而又释怀很多。

想想看，挺好的一个孩子，怎么就迷住了双眼看不到阳光呢？是不是我们的教育缺失了什么？我们现在的教育有没有深入学生的内心？为什么师生关系出现不和谐甚至对立？我们往往只是关注知识的传授，更多地考虑规则树立、习惯养成、目标达成，很少关注学生求知以外的需求和感受，很少真正站在学生的角度去理解和体会他们。没有深入内心的交流，学生是不可能亲其师、信其道的。美好的教育应该是一种深切的生命关怀，敬畏生命与生俱来的权利，做到有教无类、人人成才；欣赏生命的成长变化，

171

尊重理解，静待花开。像小 C 这样失意、沮丧而迷失方向甚至有些自暴自弃的孩子，更需要老师的精神引领、心理信任、情感温暖、行为支持，更需要被尊重、被信任、被平等对待、被充分鼓励与包容，才能建立对未来和自我的坚定信心。如果我们本着"教育带来美好生活"的理念去思考教育，去教书育人，该是多么温暖。

这次办公室谈话之后，我有意观察小 C 的兴趣爱好、学习和生活习惯，利用就餐、查寝的时间与他谈心，有时是学法的指导，有时是真诚的鼓励，有时是善意的提醒……

我欣喜地看到小 C 的成长和变化：见到老师主动问好，热情地帮助老师做力所能及的事情；课堂上挺直的腰杆和明亮的眸子透露出一股专注；一份份书写工整、字迹清秀的作业经常被评为 A+；文化墙、黑板报，他剪剪画画，忙前忙后；自习课前主动去找数学老师"补习"；第一次在班上展读优秀作文《我们都有自己的方向》，收获如雷掌声……我鼓励他大胆参与学校文学社团，积极给校刊投稿，利用作业批语、随笔点评进行文学和思想的互动交流。我看到了一个勇敢而充满活力的小 C，我听到了一个孩子内心深处的声音，也感受着他成长的美好！这都是谈心产生的效果啊！即使是最普通的孩子，只要教育得法，也会成为不平凡的人，也会成为我们生命中最可爱的朋友！

构建和谐的师生关系，就要进行心与心的交流。人之相交，贵在交心。老师通过真诚的态度、发自肺腑的语言与学生倾心交谈，学生必定能够感受到老师的关爱，继而受到启迪、昭示和催化，在学业和成长中不断进步，与老师成为挚友！

兴趣引导的跃升之路

雷肖肖

　　岁月的风景在教育的河流中流淌，而每个学生都是一朵微小而独特的浪花，被时间轻抚，渐渐升腾成壮观的浪潮。有些学生，在涓涓细流中奔腾向前，毫不畏惧；而另一些，却如羞涩的花，需要更多的关怀和呵护。然而，无论是什么样的学生，他们都怀揣着自己独特的梦想，每个教育者都有责任去点燃他们心中的火焰。从入职经外到现在，每一天我都充满期待地迎接我的学生们，为他们提供适时的支持和鼓励。

　　在经外任教的第一年，我遇到了学生小李。小李是一个内向而腼腆的男孩，不爱说话，总是默默地坐在教室的角落里，没有太多的朋友。但是，他从不在意他人的眼光，而是专注于自己喜欢的事情，对计算机编程有着无限的热爱和渴望，在别人下课玩耍时总是专注地编程或者阅读关于计算机科学的图书。他在学习上不温不火，成绩总是平平，甚至有时候会出现退步的情况，与父母矛盾不断。

　　为了与他建立联系，我开始与他交流，倾听他的想法和问题。我了解到，他在学校遇到了一些挫折和困难，这让他变得缺乏自信。青春期身心的变化让他与父母的矛盾逐渐激化。于是，我开始鼓励他，告诉他每个人都会遇到困难，关键是如何面对和克服这些困难。我们立下约定一起面对。

我从他的兴趣爱好入手——他对计算机充满浓厚的兴趣。我利用这一突破点，引导他找到通向学习和成长的大门。我让他担任班级电教员，负责班级电脑的一切事务，平时我在工作中遇到技术难题也总第一时间找到他，每次问题总是迎刃而解，这绝对是给他树立信心的最佳机会，在多次的表扬之后他脸上的笑容变多了。另外，我还鼓励他积极参与学校的编程社团和竞赛，这是一个展示他技能的机会，也是一个让他与其他对编程有兴趣的人交流的机会。刚开始，小李对与其他同学竞争感到紧张，但渐渐地，他明白竞争是成长的催化剂，而非威胁。他开始积极投身于编程比赛，并屡次获得出色的成绩。这些成就不仅让他觉得自身价值巨大，也让他渐渐开朗起来。

同时，我调整了课堂的教学方式，采用了更多互动和实践的教学方法。我设计了小组活动，让学生们共同合作解决问题。他积极参与活动，与同学们分享自己的想法，并从中获得成就感。随着时间的推移，小李逐渐展现出他的潜力和才华。他在课堂上提出了许多深思熟虑的问题，并展示了自己独特的见解。他开始与其他同学交流，建立起了友谊和信任。慢慢地，他的自信心得到了提高，也敢于表达自己的观点和想法了。

小李是一位慢热的学生，需要更多的时间和支持。他在处理问题时常常犹豫不决，反复思考，导致学习任务进展缓慢。急性子的小李妈妈经常向我吐槽他，我知道他需要一些自我管理和时间管理的技巧指导。这学期我慢慢教会他在开始任务之前，制订一个清晰的计划和时间表，明确目标，并把任务分解为更小的步骤或者是培养自律的习惯，设定时间限制来完成任务。慢慢地，他适应了紧张而快节奏的经外生活。

　　小李的成长同样离不开学校与家长的及时沟通。在刚发现小李的各种问题时，我就通过微信、电话与他妈妈取得联系，交流他在学校的表现和问题。他妈妈表明了对孩子青春期问题的关注，倾听我的建议，与我共同制订一份个性化的发展计划，包括学习目标和行为规范。在改进期间，我们时常联系，及时了解小李在家中的表现和进展。同时，我也分享了小李在学校的进步。

　　在多方的关心和支持下，小李逐渐发生了变化：积极融入班集体，与同学们建立起深厚的友谊；在课堂上更加主动积极，勇敢地表达自己的想法和观点，学习成绩也逐渐提升。他重拾对学习的信心，相信只要付出努力，就一定能取得好成绩。小李的转变并没有止步于此，八年级下学期的紧张学习氛围让他感受到了备战中考的紧迫感，每天投入大量的时间和精力，让他的成绩愈发优秀。

　　这段教育之旅让我更加热爱我的工作。每个学生都是一颗独特的明灯，只等待一位特别的老师去发掘和擦亮。在这个教育的舞台上，我愿意继续演绎更多与学生之间的故事，为他们的人生涂抹上美丽的色彩。

因为有爱，所以灿烂

许聪利

　　爱，是最好的老师。在教育这条路上，没有爱，就没有教育；没有爱，就没有学生的一切。作为一名一线教师，从教 6 年来，我用爱带着学生们感悟生活、发掘自我，与学生共同成长。

　　初中三年，和小方同学有关的点点滴滴会偶尔涌进我的脑海里。小方同学在我们班算是个风云人物，在同学们眼中他是个"时尚潮男"，十分在意自己的外表，每次查寝，他要么在洗头，要么在洗衣服。平时他不爱说话，总是坐在自己的位置上写写画画，其他人很难猜透他在想什么。七年级第一次学情调研，因为学的是新剑桥英语，比较难，他的成绩不是很理想，状态也很低沉。后来，我和他妈妈沟通了才了解到他觉得初中英语太难了，他想学又学不好，都想放弃了。我也开始反思自己，觉得自己没有及时关注到学生的课堂表现和情绪变化。我开始回顾自己的课堂教学和课下的师生关系。处在青春期的学生需要得到肯定，遇到挫折是难免的，老师要学会发掘、调动学生自身的潜能，为学生创造表现的机会，让他们体验成功、体味自我的存在和自身的价值。

　　有了方法论，接下来就是实践。我请教老教师，花时间去了解、鼓励学生。刚好可以以小方同学为切入点来解决问题。首先我与他谈心，对他的学习能力给予充分的肯定，并明确表示十分看好他英语学科的学习，帮他分析目前在学习上的优势和劣势，从而找到明确的奋斗方向。课堂上，有时候他会走神，我走到他身边提醒他注意听讲。偶尔他的英语作业没好好写，我会把他叫到办公室，帮他分析原因。英语课本剧也邀请他当导演，他还自己写了剧本，积极组织同学们排练，在舞台上表演的效果很好。慢慢地，他为大家树立了英语学习的榜样，成为班里的正能量。作为科代表，他每天按时收发作业，也工整地将每天的作业写在公示栏里。课前提醒大家准备好当节课要用的课本和练习册，会督促同学们及时读背单词和课文。在我的鼓励下，小方同学越来越自信、大方，还积极参加学校的各项活动。犹记得他在英语角上大胆上台，唱了一首英文歌曲，自信的样子让我感动不已，他蜕变成了理想的模样。

接下来的时间，我经常看到他问数学老师题，找语文老师背课文。刚开始是英语学科比较出色，数学、语文学科也逐渐取得进步，最后中考取得了不错的成绩。成绩公布那天，他妈妈给我发微信，告诉我他的考试成绩可以稳妥地被第一志愿录取。后来小方同学也发信息和我说，英语没考好，只考了112分。我鼓励他高中好好学英语，不要让老师失望。通过这件事，我发现每一个孩子都是发光体，有时候他们只是缺少那个让他发光的舞台。作为老师，我们需要多多给他们鼓励，给他们肯定和认可，创造更多的舞台，让他们在属于自己的舞台上闪闪发光。

作为老师，我们既要蹲下来主动走进学生内心，也要踮起脚为他们搭建向上攀登的阶梯。爱是无声的语言，也是最有效的催化剂。教师对学生的爱和鼓励，胜过千万次的说教。让我们多发现学生的闪光点，让每个学生在爱和鼓励下绽开自信之花！

以爱为名，育梦成光

皇甫梦姣

从教短短三年，我的工作一半风尘仆仆，一半繁花似锦，也许极尽琐碎，却浸满美好温暖。班级里的孩子性格不同，能力不同，唯一的共同点就是他们都在用自己特有的可爱温暖着我，我便也用爱回应点滴。

与小可爱们初次相遇的场景仍历历在目。2020 年 8 月 27 日，新生们满怀期待踏入经外校园，我也终于见到了 7 班、8 班的小可爱们。他们可爱的脸庞、灿烂的微笑、青涩的言语无不感染着我，我们一起开启了绚丽的新生活。

我印象最深刻的是坐在 7 班教室后排的小可爱小王同学，他蹦蹦跳跳地走到我跟前说："老师，咱们明天就开始军训吗？"我微笑点点头，他也会心一笑。当时我觉得这个孩子好可爱，好喜欢笑，眉眼之间尽显笑意。从那时起，他的笑便刻在了我的脑海里。军训期间，我发现他总能和同学们打成一片，嘻嘻哈哈谈天说地。初遇他，那份天真烂漫吸引了我。

三年里，我一直用爱心、耐心、细心了解认识小王。后来我发现，除了爱笑以外，他浑身都是"毛病"，七年级的他几乎惹得各科老师头疼不已。我曾跟他谈过几次心，询问他不交作业的原因。他也很坦诚，说上课没认真听，作业完成起来比较困难，又不自律，总想玩电脑，作业便完成不了。我跟他约定一周可以有一次不交作业，晚交的作业仍需要保质保量，少交作业需要过关课文。就这样，他的英语作业上交率明显提高，我也多次在班里夸赞他的作业越来越优秀。越夸越有劲，学期末他的英语考了92分。面对每一个有进步的同学，我都不吝啬夸奖，借用早读时间，我当着两个班学生的面表扬了进步的同学，他赫然在列。

自此，我逐渐看到了他身上更多的闪光点。他很聪明，课上只要听讲一会儿便可以立刻掌握知识并且记忆很牢固；他背诵东西很快，曾在半小时内背诵并过关了七年级下册课本所有内容；他任劳任怨、乐于助人，会因为寝室值日的人忘记值日而帮他们完成打扫，自己却因此迟到扣了量化分；他尊敬师长、真诚善良，见到老师问好，连隔壁班的老师都来问我他的名字；他充满正能量，同学间有了矛盾需要还原真相时，他总是客观地向老师和同学们阐释。尽管他学习成绩不那么优秀，但不影响老师和同学们喜爱他，愿意跟他成为朋友。我想这便是对他最好的认可和赞美。看啊，小可爱是如此闪闪发光。

然而，上网课期间他总旷课。早读我从未见过他，他上课不开摄像头，呼叫他也从不连麦，好不容易晚自习见到他，却发现他大多数时候没在学习，屏幕不停变换色彩。我在想，他真的要被网课耽误了吗？于是我拨通了他妈妈的电话。经过沟通，我发现情况比我料想的更糟糕。他爸爸在省外工作，一年到头很少回家。妈妈管不了他，因为他总会拿离家出走威胁家人，要不就是跟妈妈大打出手，摔电脑、平板、手机，严重时把他妈妈的脸都打伤了，逼着他妈妈离家出走。我越听越气愤，我印象中乖巧单纯的孩子怎会如此"恶毒"，连最亲的家人都伤害呢？挂断家长的电话后，我开始尝试跟他语音通话，连续打了三次钉钉通话他都没接。于是我写了一大段话，讲了我的困惑和建议，大意就是希望他每天按时听课，不要沉迷游戏，要爱家人。跟我料想的分毫不差，他没有回复，但我从"已读"知道他看到了。大概三四天后，他竟然来上英语课了，我以为他要彻底做出改变了。没想到他又开始三天两头旷课，但他妈妈说他认识到自己的问题并且跟她道歉了，这也算进步吧。

漫长的网课结束，最后一学期的冲刺开始了。小王也有所醒悟，主动找我分析试卷，还跟我说要督促他补学九年级的单词和短语。我能明显感觉到他开始认真学习了，英语成绩一次比一次好，只要努力就有明显的进步。那个阶段里，他不断地对我表达他的悔恨和感谢，感谢我没有放弃他，不停鼓励他。我想这种感激一定能成为一种动力，于我们彼此都是如此。心存感激的他确实很可爱。

三年时光转瞬即逝，和小王的故事暂且告一段落了，但我们的友谊仍会延续。也许他没有取得理想的成绩，也没有达到老师的期望，或许他还是那么淘气、贪玩、不自律，但是至少他有改变过且认识到了自己的问题，这便是沟通的力量、教育的意义。愿这些爱和关怀能成为他生命中的一道光，照亮他前行的路。有爱有期待就有进步和温暖，我坚信，未来的他定能携梦成光，活成自己想要的模样！